课本里的中国

高山流水

王学荣 编著

童趣出版有限公司编　人民邮电出版社出版
北　京

图书在版编目（CIP）数据

课本里的中国. 高山流水 / 王学荣编著；童趣出版有限公司编. -- 北京：人民邮电出版社，2023.5
 ISBN 978-7-115-60672-3

Ⅰ．①课⋯ Ⅱ．①王⋯ ②童⋯ Ⅲ．①中国－概况－少儿读物②自然地理－中国－少儿读物 Ⅳ．①K92-49 ②P942-49

中国版本图书馆CIP数据核字(2022)第252432号

编　　著：	王学荣
策划编辑：	许　璇
责任编辑：	徐　妍
执行编辑：	王雨曦
责任印制：	李晓敏
封面设计：	冯伟佳
排版制作：	柚芽图文

编　　：	童趣出版有限公司
出　版：	人民邮电出版社
地　址：	北京市丰台区成寿寺路11号邮电出版大厦（100164）
网　址：	www.childrenfun.com.cn

读者热线：010-81054177　　经销电话：010-81054120

印　　刷：	河北京平诚乾印刷有限公司
开　　本：	787×1092　1/16
印　　张：	6
字　　数：	111千字
版　　次：	2023年5月第1版　2023年5月第1次印刷
书　　号：	ISBN 978-7-115-60672-3
定　　价：	39.80元

版权所有，侵权必究。如发现质量问题，请直接联系读者服务部：010-81054177。

序言

语文课本是孩子培养审美、开阔眼界的重要渠道，包罗万象的课文是孩子了解世界的重要途径。秀美的山水、宏伟的建筑，以及那些遥远又亲切的文化名城、历史名人，会随着文字在孩子心中激起涟漪，引发遐思。读着课本里的中国故事，了解中国的历史，领略中国的文化，是每一个中国孩子成长的必由之路。

《课本里的中国》把一粒粒散落在语文课本中的"珍珠"串联起来，由点到面，由近及远，串联起一座座城市的今天与昨天；串联起一方方山水的沧桑与辉煌；串联起一座座建筑的历史文化；串联起一个个名人的人生足迹。

从这套书中，我们可以窥见历史的更迭交替，梳理文化的发展脉络，感受文人墨客的精神风骨，了解独具特色的风土人情。

当然，这套书的意义还远不止于此。

这套书让孩子既"读"又"行"，且"行"且"思"，走进课本，再从课本中走出来，踏遍中华大地，看高山流水，赏城市之光，在名人故里中寻找前人的生活智慧，在巍巍古建中体味中华民族的伟大与光荣。

读万卷书，行万里路，思千古事。"读""行""思"的结合，会让孩子变得视野开阔、内心丰盈。

《课本里的中国》如同在孩子的阅读与生活中架起一座桥梁，通过这套书，孩子的阅读体验会变得更加丰厚、充实，旅行的步伐也会变得更加清晰、坚定。因此，这套书可以是：

一本本语文课本的拓展读物；

一幅幅身临其境的旅行地图；

一次次脚踏实地的探索之旅；

一场场充满遐想的梦幻游历；

……

我们期待的最美好的阅读状态是家长和孩子，或者孩子和老师一起走在中国的大地上，怀着了解历史文化的欣喜，带着探寻与发现的新奇，实地实景讲述中国故事，身临其境感受中华文明，触摸历史，憧憬未来，让陈列在广阔大地上的遗产"活"起来，让"课本里的中国"真正走进孩子的内心。

全国小语会理事 特级教师

李学红

目 录

黄河 1

在很长一段时间内，黄河流域一直是我国政治、经济、文化的中心，是当之无愧的中华民族的摇篮。

长江 11

长江是中国第一大河，也是中华民族的代表性符号和中华文明的标志性象征。

大运河 21

大运河，又名京杭大运河，全长近1800千米，是世界上开凿最早、规模最大、流程最长的人工运河。

洞庭湖 31

洞庭湖位于湖南省北部，是中国第二大淡水湖，自古以来就有"八百里洞庭"之称。

钱塘江 39

钱塘江，旧称"浙江"，是浙江省最大的河流，以壮观的潮水而闻名于世。

三峡 47

三峡两岸山高谷深，水道蜿蜒曲折，自古以来就有"黄金水道，九曲回肠"的美誉。

黄山 55

"五岳归来不看山，黄山归来不看岳。"黄山不仅拥有得天独厚的自然资源，也有着深厚的历史文化底蕴。

庐山 63

"匡庐奇秀，甲天下山。"千百年来，无数文人墨客慕名来到庐山，留下了数不清的丹青墨笔和脍炙人口的诗词歌赋。

天山 71

天山并不是一座山，而是一个巨大的山系。它全长2500千米，是世界上最长的东西走向的独立山系。

小兴安岭 79

小兴安岭是中国东北边疆的重要门户，是一座美丽的大花园，也是一座巨大的宝库。

黄河

课本里的黄河

《黄河颂》光未然

啊！黄河！

你是中华民族的摇篮！

五千年的古国文化，

从你这儿发源；

多少英雄的故事，

在你的身边扮演！

——七年级下册

相关名家名篇

刘白羽《黄河之水天上来》　　李瑛《黄河落日》

余光中《黄河一掬》　　　　　张承志《大河家》

上榜理由：中华民族的摇篮

早在几十万年以前，黄河流域就留下了人类生活的痕迹。蓝田人、大荔人、丁村人……他们在这里繁衍生息，揭开了古老的黄河文明的序幕。

夏、商、周、两汉、盛唐……在很长一段时间内，黄河流域一直是我国政治、经济、文化的中心，是当之无愧的中华民族的摇篮。

在秦汉之前，人们提起"河"，指的就是黄河。至于其他的河，它们可没有这种待遇，只能统称为"川"或者"水"。

走近黄河

黄河全长5464千米,仅次于长江,是中国第二大河。大诗人李白曾写道,"黄河之水天上来"。那么,黄河水真的来自天上吗?当然不是。黄河发源于巴颜喀拉山北麓约古宗列盆地,自西向东,蜿蜒流过青海、四川、甘肃、宁夏、内蒙古、陕西、山西、河南、山东9个省(自治区),最后注入渤海。

河套平原农田肥沃,水草丰美,自古就有"黄河百害,唯富一套"的说法。

上游

从源头到内蒙古自治区托克托县的河口村,是黄河的上游,河段长3472千米。虽然名为"黄河",但从源头开始的一段黄河水清澈透明,它们奔腾着,流过开阔的青海高原,沿途穿过龙羊峡、刘家峡,出青铜峡,进入宁夏平原和内蒙古河套平原,将这里变成富饶的"塞上江南"。

中游

从河口村到河南省郑州市桃花峪，是黄河的中游，流程1200多千米。从河口村开始，黄河急转南下，来到山西省禹门口。在禹门口，黄河水碰到了第一个障碍——龙门山，急流只能从不到100米宽的河槽中涌出，这里就是著名的"龙门"。涌过龙门，河水又转向东，穿过三门峡，继续向东。汹涌的河水夹杂着大量泥沙奔腾而下，河水开始变得浑浊，成为名副其实的"黄河"。

传说，禹门口是大禹治水的地方。大禹把黄河水引出来，不料却被龙门山挡住了。大禹带领人们在龙门山凿开了一个大口子，引水东流，排除了水患。

高山流水　黄河

下游

过了桃花峪，一直到山东省的入海口，是黄河的下游，长780多千米。到了这里，黄河变得平缓起来，河道宽阔，从中游携带的大量泥沙慢慢沉积下来，使得黄河的河床逐年抬高，成为世界著名的"悬河"。为了防止河水决堤，人们只能一而再、再而三地加高河堤。即使这样，在历史上，黄河仍然决堤了很多次，造成了数不清的灾难。

悬河指的是河床高出两岸地面的河段。

黄河文明

早在旧石器时代，我们的祖先就在黄河流域劳动生息，创造了灿烂夺目的文明。

石器

约公元前 100 万—前 5 万年

我们熟悉的蓝田人、丁村人，都生活在黄河流域。他们会用简单的方法打制石器，捕猎野兽，采集果实、种子和块茎等作为食物。

蓝田人像

据考证，传说中的燧人氏、有巢氏，可能就是黄河流域早期文化的代表人物。

火堆

● 约公元前 100 万—前 5 万年 ⋯⋯⋯ 约公元前 4900—前 2900 年 ⋯⋯⋯

约公元前 4900—前 2900 年 仰韶文化

仰韶文化是新石器时代黄河中游地区最重要的史前文化。那时的人们已经学会了种植农作物、储存粮食，饲养猪、羊等家畜，擅长狩猎和捕鱼，还学会了纺线织布。另外，这一时期的制陶业非常发达，我们熟悉的人面鱼纹彩陶盆、人头形器口彩陶瓶都是仰韶文化的精品。

半坡文化是仰韶文化的代表之一，因发现于西安市半坡村而得名。据考证，半坡文化处于母系氏族社会时期。这一时期，女性作为氏族的核心管理者，在家庭及生产中起着重要的作用。

半坡人的房屋

半坡人的房屋大部分是半地穴式的，也有少部分建在地面上。房屋的形状有圆形和方形，面积多为 10～40 平方米。

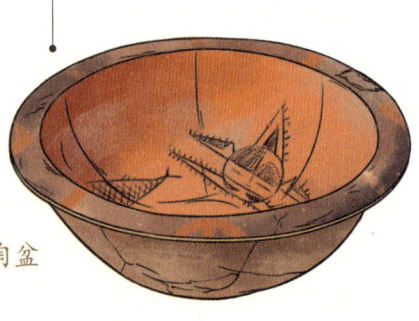

人面鱼纹彩陶盆

约公元前 4300—前 2600 年
大汶口文化

大汶口文化是新石器时代中晚期分布于黄河下游一带的史前文化。这个时期还是以农业生产为主，采集和狩猎也很发达。除此之外，人们还学会了制作玉器，其中一部分被他们用来装扮自己。

考古学家曾经在大汶口遗址出土的陶器上发现了很多奇怪的几何刻画符号。据推测，这些符号很可能是古老的原始文字。

戴玉器的大汶口人

约公元前 4300—前 2600 年 ···· 约公元前 2600—前 2000 年 ···· 商朝至唐宋

约公元前 2600—前 2000 年
龙山文化

龙山文化是新石器时代晚期出现在黄河中下游地区的一种史前文化。这一时期除了传统的农业、制陶业进一步发展，人们还学会了制造青铜器，这标志着中国历史上著名的青铜时代即将到来。

龙山文化还有一个名字——黑陶文化。龙山人烧制出来的黑陶器乌黑发亮，薄如蛋壳，上面还刻着精美的纹饰。龙山文化遗址曾经出土过一个蛋壳黑陶高柄杯，其杯壁平均厚度只有 0.5 毫米。

蛋壳黑陶高柄杯

商汤

商朝至唐宋

约公元前1600年，中国历史上第二个朝代——商朝，在以河南为中心的黄河两岸建立起来。从那以后，直到唐宋时期，黄河流域一直是中国的政治、经济、文化中心。

黄河之旅

黄河流域诞生了光辉灿烂的文明,这些文明也催生了一个又一个的城市。

李元昊

银川

"天下黄河富宁夏",银川是宁夏回族自治区的首府。早在2000多年前,生活在宁夏平原的人们就懂得利用黄河上游海拔高的特点,把宁夏平原变成富饶的"塞上江南"。1038年,李元昊建立西夏,选择银川作为都城,银川一举成为西北重镇。

西宁

霍去病

西宁是黄河流域海拔最高的城市。汉武帝时期,大将霍去病奉命在这里设置军事据点——西平亭。宋徽宗时期,这里正式改名为"西宁州",寓意"西陲安宁"。

张骞

兰州

兰州是黄河流域唯一一个河水穿城而过的城市,是古代丝绸之路上的重镇。我们熟悉的出使西域的张骞、远嫁西藏的文成公主、前往古印度求法的僧人玄奘,都曾经从兰州经过。

西安

李世民

西安,古称长安,是黄河流域所有古都中建都时间最长的。从西周开始,先后有秦、西汉、前赵、前秦、后秦、西魏、北周、隋、唐等王朝建都于此,历时千余年。著名的古代丝绸之路就是以西安为起点的。

王昭君

呼和浩特

呼和浩特是内蒙古自治区的首府，蒙语意为"青色的城"。传说，昭君出塞时就曾经路过这里。如今，在呼和浩特市旧城南郊大黑河南岸，还留有昭君墓。

太原

太原的历史要追溯到春秋战国时期。公元前403年，战国七雄之一赵国的开国君主赵烈侯宣布定都太原（那时称为"晋阳"）。从那以后，太原先后成为9个独立政权的国都或陪都，是名副其实的千年古都。

太原古县城

高山流水 黄河

淄博

淄博，古称临淄，曾经是春秋时期齐国的首都。淄博也是黄河入海之前经过的最后一座古都。出了淄博，再向东北方向40多千米，奔腾了5000多千米的黄河水最终在这里注入大海。

淄博古城

洛阳龙门石窟大佛

洛阳

洛阳，古称"天中""中国"，意思是"国家的中心、天下的中心"。通过这两个名字，我们就知道洛阳的地位有多重要了。从2000多年前的东周开始，洛阳曾经做过东汉、曹魏、西晋、武周（唐）等王朝的都城，素有"千年帝都"的美誉。

黄河之旅

游览完黄河流域的古都,我们再来欣赏一下母亲河沿岸的风景名胜。

大河源头——三江源

三江源位于青藏高原腹地,是长江、黄河、澜沧江3条大河共同的发源地。这里人烟稀少,广袤无垠,是野生动物的天然庇护所,生活着藏羚羊、野牦牛、雪豹、猞猁、盘羊、金雕等许许多多的珍稀动物。

黄河第一弯

奔腾的黄河水从源头一路向前,流出巴颜喀拉山,还没出青海省,它就被一座大山拦住了去路。于是,河水拐了一个大弯,绕到四川省,在四川省边上打了个转,又流回青海省。这个弯,就是黄河第一弯。

人们都说:"天下黄河九十九道弯,最美要数第一弯。"

龙羊峡水电站

走出青藏高原,高山峡谷开始多起来。黄河水在群山之中蜿蜒前行,不久就来到了龙羊峡。这里峭壁耸立,河道狭窄,是修建水电站的好地方。1976年,这里兴建了龙羊峡水电站,完工之后的水电站最大坝高178米,坝顶长396米,正常蓄水位2600米。龙羊峡水电站对整个西北地区的发电、防洪、灌溉都发挥了重要作用。

壶口瀑布

从内蒙古自治区托克托县河口村到山西省禹门口,黄河一口气跑了725千米,在黄土高原上切割出一条深深的峡谷,把黄土高原分成了两半,一边是山西省,一边是陕西省,这就是晋陕大峡谷。赫赫有名的壶口瀑布就位于晋陕大峡谷的末端。汹涌的黄河水流到这里,从300多米宽一下子被压缩到只有二三十米宽,再从20多米高的悬崖上直坠而下,形成了"千里黄河一壶收"的气势。

高山流水 黄河

小浪底水利枢纽

黄河的泥沙主要来源于黄土高原,大量的泥沙堆积在河底,导致河床越来越高。春天冰雪消融,或者夏天下大暴雨时,黄河下游就会暴发洪水;遇到干旱,上游又会断流。

于是,20世纪90年代初,我国开始修建小浪底水利枢纽,2001年底主体工程全部完工。小浪底水利枢纽就像一个大水盆:在洪水泛滥的时候,把多余的水储存起来;遇到干旱时,再把这些水放出来,解决缺水问题。

三山五岳

中国人说起中华大地的名山,经常挂在嘴边的就是"三山五岳"。在五岳中,西岳华山、中岳嵩山和东岳泰山都位于黄河沿岸。其中,最险峻的是华山,其自古以来就有"奇险天下第一山"的美誉。嵩山最著名的当然是少林寺。至于泰山,传说是由盘古的头颅化成的,所以被称为"五岳之首"。

中岳嵩山

诗词里的黄河

黄河是中华民族的母亲河,古往今来,很多文人墨客都曾经写下过关于黄河的诗词。

白日依山尽,黄河入海流。
欲穷千里目,更上一层楼。
　　　　　——王之涣《登鹳雀楼》

九曲黄河万里沙,浪淘风簸自天涯。
如今直上银河去,同到牵牛织女家。
　　　　　——刘禹锡《浪淘沙·其一》

君不见,黄河之水天上来,奔流到海不复回。
君不见,高堂明镜悲白发,朝如青丝暮成雪。
人生得意须尽欢,莫使金樽空对月。
天生我材必有用,千金散尽还复来。
　　　　　——李白《将进酒》(节选)

你还知道哪些描写黄河的诗词?请你挑出自己最喜欢的一首,仿照着写一首属于你自己的"黄河之歌",来描绘我们的母亲河吧!

长江

📖 课本里的长江

《望天门山》唐·李白

天门中断楚江开，碧水东流至此回。
两岸青山相对出，孤帆一片日边来。

——三年级上册

《长江之歌》胡宏伟

你从雪山走来，春潮是你的风采；
你向东海奔去，惊涛是你的气概。
…………
我们赞美长江，你是无穷的源泉；
我们依恋长江，你有母亲的情怀！

——六年级下册

📖 相关名家名篇

张若虚《春江花月夜》　　苏轼《念奴娇·赤壁怀古》
李之仪《卜算子·我住长江头》　杨慎《临江仙·滚滚长江东逝水》
郭风《长江》　　　　　　刘白羽《长江三日》

📖 上榜理由：中华民族的象征

"你从远古走来，巨浪荡涤着尘埃；你向未来奔去，涛声回荡在天外。"
"遥远的东方有一条江，它的名字就叫长江。"
长江是中国第一大河，也是中华民族的代表性符号和中华文明的标志性象征。

走近长江

长江从白雪皑皑的唐古拉山脉奔流而下,一路向东,汇集不同的支流,经青海、西藏、四川、云南、重庆、湖北、湖南、江西、安徽、江苏、上海11个省(自治区、直辖市),直奔辽阔的东海而去,全长约6300千米,流域面积达180余万平方千米(不包括淮河流域)。

上游

长江上游是指从长江源头到湖北省宜昌市的这一江段,长4512千米,约占长江全长的72%。长江上游的流域面积达100多万平方千米,汇集了雅砻江、岷江、嘉陵江、乌江等重要支流,造就了长江上游丰富的水能资源。

长江上游的通天河一段,水势平缓、沼泽众多、草滩茂密,是长江流域重要的畜牧区。

长江上游的金沙江河一段,落差大、水流急、峡谷多,水力资源丰富,著名的虎跳峡就位于这一江段。

中游

从湖北省宜昌市至江西省湖口县为长江中游，全长938千米，流域面积约68万平方千米。在这一江段，南岸有清江和洞庭湖水系的湘水、资江、沅水、澧江及鄱阳湖水系的赣江、抚河、信江、鄱江、修水，北岸有汉江汇入。这些支流在汛期分担洪水，在枯水季反过来给长江补水，对调节长江的水量起到了重要作用。

高山流水　长江

下游

长江在湖口县接纳了鄱阳湖水系的支流后，便进入下游江段。长江下游全长835千米，流域面积约12万平方千米，是长江水量最大的江段，也是整个长江流域最富庶的地区，特别是太湖流域，水产丰富，素有"太湖八百里，鱼虾捉不尽"的说法。

长江文明

人类早期的文明多诞生于大河。据考证,早在公元前5000多年,长江流域就孕育出了灿烂的古代文明。

约公元前5000—前3300年

河姆渡文化

河姆渡文化是新石器时期长江下游以南地区古老而多姿的母系氏族文化代表,主要分布在杭州湾南岸的宁绍平原及舟山群岛一带。

河姆渡文化遗址

约公元前3300—前2000年

良渚文化

良渚文化主要分布在长江下游的太湖地区,因最初发现于浙江省杭州市余杭区良渚遗址而得名。

制作玉琮

据考证,良渚文化时期,水稻种植已经有了一定程度的发展,手工业也很发达。其中,玉器制作是良渚文化最大的特色之一,特别是玉琮,不管造型还是装饰,都远比其他器物要精细考究。

约公元前2500—前1200年

三星堆文明

戴金面罩青铜人头像

诞生于长江上游地区的三星堆文明,是中国最古老的文明之一,也是古蜀文化的重要代表。在三星堆遗址出土的文物中,最神奇的就是众多铸造精美、形态各异的青铜器,例如青铜人头像、青铜面具、青铜神树等。

1978年，在湖北省曾侯乙墓出土的曾侯乙墓编钟，是楚文化青铜冶铸业和音乐艺术的典型代表。

除了河姆渡文化、良渚文化和三星堆文明，长江流域还孕育了很多古文化。

楚文化

楚文化是长江中游地区重要的古文化，这一时期，青铜冶铸业初露锋芒，音乐艺术也有初步发展。

除此之外，漆器也是楚文化的重要标志，不仅品种和数量繁多，而且被广泛应用在社会生活的各个方面。出土于湖北省枣阳市九连墩2号墓的虎座鸟架鼓就是战国时期楚文化漆器的典型代表。

吴文化

吴文化指的是长江中下游沿海一带的吴地人民所创造出来的文化，它代表了江南古文明的源头。

据考证，早在6000年前就有人类在吴地定居并从事水稻种植，给吴地带来了生产力的革命。

越文化

越文化是主要分布于浙江省一带的地域文化，主要包括越俗、越艺等内容。

其中，越俗指越地传统的风俗习惯，例如断发文身、图腾崇拜等；越艺则是中原文化与南方百越文化相融合的产物，具有崇尚自然、寄情山水、返璞归真的特点。

长江之旅

奔腾不息的万里长江流经的地区自古以来就是理想的栖息之地，拥有丰富的自然资源与优美的自然风光。

通天河

长江从青藏高原上的雪山中流出，到了青海省玉树市，有了一个好听的名字——通天河。藏族同胞称它为"珠曲"，汉语意思是"奶牛的奶水"，这代表了以放牧为主业之一的藏族人民对通天河的感激与喜爱之情。

通天河

长江第一湾

长江自青藏高原奔流而下，从四川省巴塘县境内进入云南省，到了丽江市玉龙纳西族自治县的石鼓镇，遇到阻挡，掉头朝东北而去，在两座大雪山中间勇敢前行，形成约120°的U形大弯道，被称为"万里长江第一湾"。

长江第一湾

岷江

奔腾的长江到了四川省宜宾市，遇到了秀丽的岷江，随后两股水流汇成一股，流经阿坝藏族羌族自治州、成都市、眉山市、乐山市……在沿岸留下了无数风景名胜，例如乐山大佛、峨眉山、都江堰、九寨沟……

乐山大佛

重庆

重庆是长江上游地区的经济中心,也是国家历史文化名城。早在约200万年前的旧石器时代,重庆地区就有人类生活的踪迹。

因为四面环山,且地处盆地边缘及两江汇合处,常年雾气笼罩,因此重庆又有"山城"与"雾都"之称。

长江三峡

长江三峡是瞿塘峡、巫峡和西陵峡的总称,西起重庆市奉节县白帝城,东至湖北省宜昌市南津关,全长约208千米。长江三峡沿途两岸奇峰陡立、峭壁对峙,是长江全线最险要的地方之一。

南京

南京,古称金陵,是长江下游地区重要城市之一。三国时期,吴主孙权在南京建都。之后,东晋和南朝时期的宋、齐、梁、陈,都曾把都城选在南京,史称"六朝",因此南京也被称为"六朝胜地"。

南京江南贡院

上海

上海,简称"沪"或"申",地处长江入海口,是长江经济带的龙头城市,也是中国的经济、交通、科技、工业、金融、贸易、会展和航运中心。

长江三峡

上海东方明珠广播电视塔

高山流水 长江

生态长江

长江滚滚东流,奔腾不息。它流经山地、高原、盆地、丘陵和平原,奔流不息,滋养了流域内各种各样的动植物,也造就了流域内特有的生态系统。

中华鲟

中华鲟是地球上最古老的脊椎动物之一,已有一亿四千万年的历史,被称为"水中活化石"和"水中大熊猫"。

白暨豚

白暨豚是中国特有的水生哺乳动物,分布于长江中下游。不过,从2007年至今,人们再也没有在长江中发现白暨豚的身影。这种珍稀的动物已经灭绝了。

长江江豚

长江江豚同样是中国特有的物种,分布在长江中下游干流和与之相通的洞庭湖和鄱阳湖。它们体形较小,有着圆圆的脑袋、乌黑的小眼睛,全身呈铅灰色或灰白色,嘴角微微上翘,好像是在微笑,所以也被誉为"长江的微笑天使"。

扬子鳄

扬子鳄是中国特有的小型鳄鱼种类,目前主要分布在长江下游流域。扬子鳄在地球上已经生活了将近2亿年，堪称"动物界的活化石"。

斑鳖

在长江下游流域，曾经生活着罕见的珍稀物种——斑鳖。它是世界上最大的淡水鳖，成年后体重超过100千克。不过，自从2019年我国已知的最后一只斑鳖在苏州离世后，人们再没发现野生斑鳖的踪迹。

长江鲥鱼

长江鲥鱼别称三来鱼，因肉质鲜美而名声在外，被誉为"长江三鲜"之一，曾广泛分布在长江中下游地区，但如今在野生环境中几乎已经销声匿迹。

丰都车前草

什么植物的种子能够跟随载人飞船遨游太空呢？答案是长江三峡地区特有的珍稀植物——丰都车前的种子。丰都车前是一种多年生草本植物，仅分布于三峡坝区的丰都县、忠县、巴南区和江津区的四个江心岛上，被称为"植物界的大熊猫"。

中华水韭

中华水韭是一种多年生沼地生植物，也是中国特有的物种，生长在长江下游地区的浅水池沼、池塘边和山沟淤泥中。

"一桥飞架南北"

"长江天堑,古来险隔。"古时人们只能用渡船来过江,中华人民共和国成立后,随着国力的强盛,技术的进步,勤劳智慧的劳动人民已经在长江上修建了100多座大桥……

万里长江第一桥——武汉长江大桥

武汉长江大桥是中国第一座跨越长江的固定式永久性公路、铁路两用桥,上层跑汽车,下层过火车。

最宽的长江大桥——青山大桥

青山大桥是连接武汉市洪山区和黄陂区的大桥,桥梁总长7548米,主跨长938米,桥面宽48米,是跨越长江的桥面最宽的桥梁。

最长的长江大桥——润扬长江大桥

润扬长江大桥主桥长7371米,就像是一架横跨在长江江面的秋千,轻巧地将镇江市和扬州市连接在一起。

最长的斜拉桥——苏通长江大桥

苏通长江大桥位于江苏省南通市和苏州市之间,大桥主孔跨径为1088米,最长拉索长达577米,是世界第一座跨径超过千米的斜拉桥。

大运河

课本里的大运河

《长城和运河》佚名

像绸带飘落在大地，

银光闪闪，伸向天边。

北起首都北京，南到天堂杭州，

京杭大运河谱写了动人的诗篇。

是谁创造了这人间奇迹？

是我们中华民族的祖先。

——三年级下册

相关名家名篇

李白《题瓜州新河饯族叔舍人贲》

白居易《长相思·汴水流》　　胡曾《咏史诗·汴水》

皮日休《汴河怀古二首》　　李敬方《汴河直进船》

上榜理由：世界上最长的人工河

大运河，又名京杭大运河，全长近1800千米，是世界上开凿最早、规模最大、流程最长的人工运河。从春秋末期开凿至今，古老的大运河已经在中国东部广袤的土地上流淌了2500多年，是我国古代劳动人民创造的一项伟大工程。直到今天，它仍然发挥着重要的交通和水利作用。

运河是人工开凿的航运渠道，用以沟通不同的江河、湖泊、海洋，缩短通航里程，改善通航条件。中国古时把运河称为沟、渠、漕渠、运渠等，宋朝以后才称运河。

走近大运河

大运河北起北京,南至杭州,经过天津、河北、山东、江苏、浙江等省市,沟通了长江、黄河、淮河、海河、钱塘江五大水系。

大运河始建于春秋时期,但直到隋朝统一天下后,朝廷才开始全面规划运河建设,开凿了以洛阳为中心,北起涿郡(今北京市部分区域)、南达余杭(今杭州市)的运河。

但你知道吗?大运河最初只被称作沟——"邗沟",后来由"沟"升级为"渠",包括通济渠、永济渠等。那它是什么时候才被官方称为"大运河"的呢?估计你可能想不到——1958年。

20世纪50年代,"大运河"一词开始频繁使用,并得到普遍认同,以区别于具体的运河以及泛指的运河。1958年,中国成立了"大运河建设委员会",沿线各省也分别建立了"大运河建设指挥部",这也是"大运河"一词受到官方正式认可的标志。

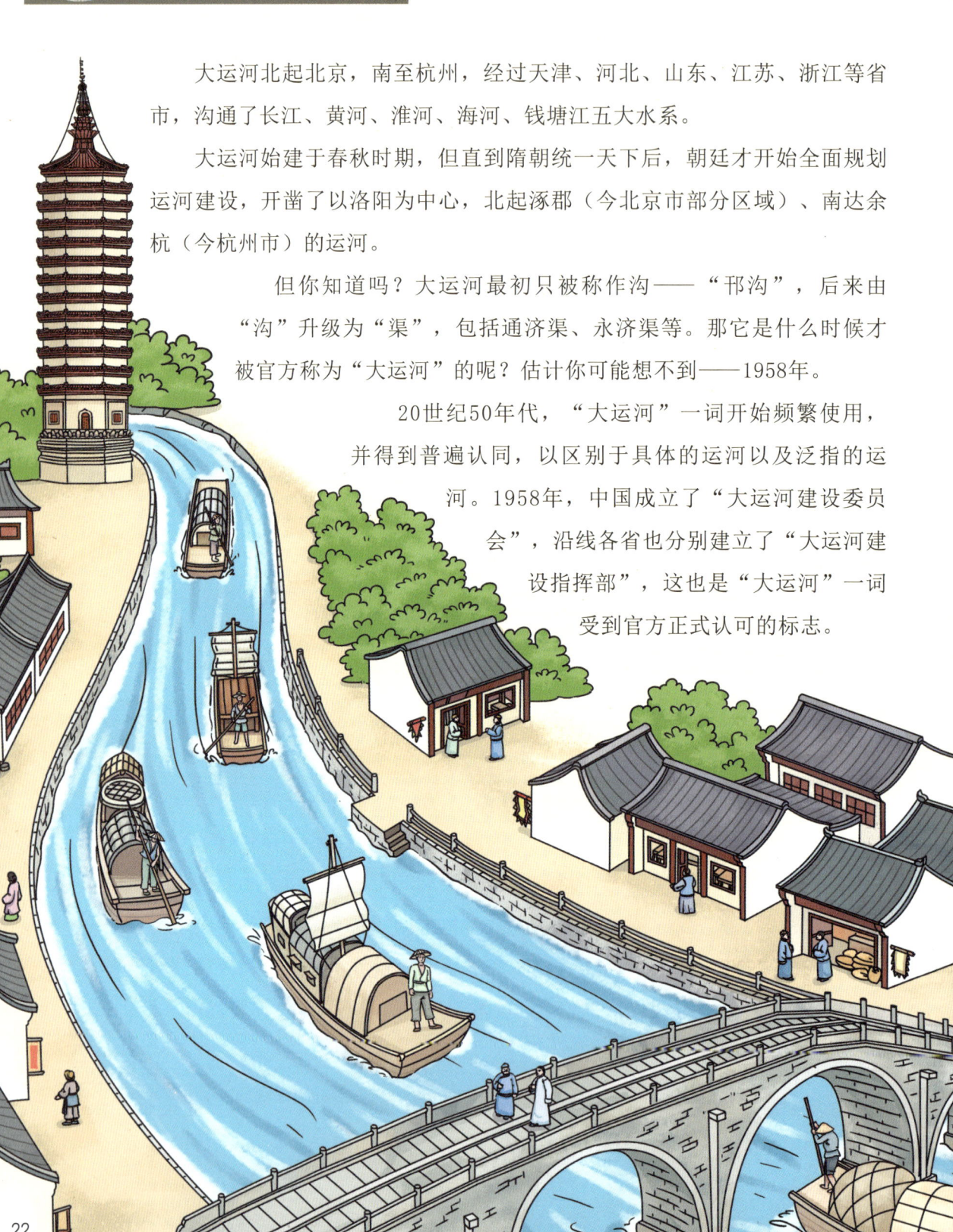

今天的人们大概很难想象大运河在古代社会中的重要性。那个时代没有高速公路，没有铁路，更不要说空中航道了，大运河就是极其重要的交通运输大动脉。大运河的开通，对中国古代经济、文化的繁荣与发展起到了不可估量的作用。

商运之河

大运河沟通南北，是有名的商运之河。大运河上，商船往来不绝，北方的皮革、木材等可以运往南方，南方的粮米、茶叶等也可以运往北方，从而促进了南北方商业的融合与发展。

民运之河

大运河还是民运之河。大运河的疏浚，提升了沿岸的排涝、泄洪能力，减少了水灾的发生，促进了农业发展，造福了运河沿岸的百姓。

文化之河

此外，大运河还是文化之河。大运河的开通，为沿途两岸带来了生机，催生了一座座美丽的城市，从而吸引了无数文人墨客。他们在这里填词作赋、挥毫泼墨，为大运河留下了丰厚的历史文化遗产。

古代的运输分陆运和水运两种。水运因为比靠牛车、马车运输的陆运快捷得多，省时省力，成本也低，所以成了古人运送大宗货物的不二之选。

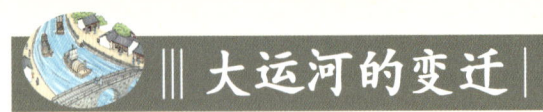
大运河的变迁

大运河自开凿至今,已有2500余年的历史,其间几经变迁。这一切,还要从春秋末期说起。

春秋末期:大运河的起始

公元前486年,一条沟通长江下游与淮河下游的人工河道被开凿出来,这就是大运河的前身——邗沟。当时,吴王夫差想北上伐齐,他打算带着士兵和粮草走水路,以此来打赢这场仗,于是开凿了邗沟。

隋朝:大运河的贯通

隋炀帝为了控制江南地区,同时方便将南方的物资运往北方,动用了上百万劳动力,先后开凿了通济渠、永济渠,并疏浚了江南运河,建成了以洛阳为中心,南通杭州,北通北京,全长3000千米的大运河。

唐宋:大运河的繁荣

唐宋两朝继续对大运河进行疏浚整修,大运河得以繁荣发展。由于航运的发展和商业的繁荣,运河沿岸逐渐形成文化名城苏州、杭州,造船工业基地镇江、无锡,对外贸易港口扬州等重要城市。

元朝：大运河的定型

元朝初期，从杭州走水路到北京还得绕路洛阳，很不方便。于是，朝廷先后挖通了济州河、会通河和通惠河。新的大运河全线贯通，这也就是我们今天说的大运河的前身。

明朝：大运河的维护

明成祖朱棣高度重视大运河的修建工程。他即位后，开始准备迁都北京。随着政治中心迁移到北方，漕运成为北京与江南经济中心相连接的重要方式。当时，元朝的大运河已出现多处淤塞，朱棣决定重开贯穿南北的内河漕运，最终实现了大运河的贯通。

高山流水 大运河

清朝末年：大运河的衰落

清朝初期是大运河历史上漕运的全盛时期。可惜，到了乾隆末年，黄河水患日益严重；到了道光年间，大运河河段泥沙淤积，且失修不畅，海运被提到议事日程。20世纪初，随着铁路、公路等交通方式的兴起，大运河开始走向了衰落。

城市大运河

大运河北起北京，南至杭州，一路流经了很多城市，其中较有代表性的有北京（通州）、济宁、淮安、扬州、镇江、无锡、苏州、杭州等城市。

通州燃灯塔

北京（通州）

北京通州是大运河的最北端。元朝以来，南方各地区的漕船直抵通州，通州段大运河呈现出千舟万楫云集的盛况，通州也一跃成为南下江南、北通边塞的水陆要冲。

济宁

济宁分水龙王庙

"运河流水千古流，流到济宁古渡头。"流经济宁城区的古运河段俗称"运粮河"，元、明、清三朝均在济宁设有最高司运机构，这使济宁成为声名显赫的"运河之都"。

"南船北马"

淮安

"南船北马，九省通衢。"邗沟的开凿沟通了江淮。从此以后，长江流域的人乘船北上，到淮安下船后上马车；黄河流域的人乘马车南下，到淮安下马车后上船，形成了淮安"南船北马"的奇异局面。

扬州

扬州是古运河的起点。扬州古运河穿城而过，是大运河最古老的一段。扬州也是拥有大运河遗产点最多的城市，有"中国运河第一城"的美誉。

扬州五亭桥

《白蛇传》

镇江

镇江，古称京口，地处大运河与长江的十字水道交汇处，是国家历史文化名城。我们熟悉的《白蛇传》《三国演义》《西游记》《水浒传》中的很多故事就是以镇江为背景展开的。

无锡

运米图

从有运河开始，无锡的百姓就傍河而居。隋朝大运河贯通之后，无锡更是成为运河沿线重要的航运城市。清政府实施"南漕北移"，无锡成为南方很多地区漕粮的起运点。

苏州

寒山寺

"姑苏城外寒山寺，夜半钟声到客船。"苏州，古称姑苏，与大运河的关系十分密切，苏州古运河就是始于春秋时期所开凿的邗沟。至今，苏州还保持着古代"水陆并行、河街相邻"的棋盘式格局。

杭州

杭州是大运河最南端的城市。便利的水运，使杭州很早就成为富饶的商业城市。早在元朝，意大利旅行家马可·波罗就曾乘船沿着大运河到达杭州，赞叹其为"世界上最美丽、华贵的天城"。

高山流水 大运河

忙碌的大运河

在古代，物流远没有今天这么发达，而且陆运的成本高，安全保障也不足，所以水运成为主要的运输方式。因此，大运河开通后，迅速成为沟通南北的"黄金水道"。此后，历朝历代都对大运河进行了营建，沿岸修筑闸坝、修建粮仓、设置钞关，大运河开始"忙碌"起来。

天下粮仓

大运河的开通为朝廷征收粮食、调运粮食提供了极大的便利，南方丰富的粮食资源不断被送往北方。为了更好地运输和储存，要先把当地的粮食送至粮仓，然后再送到北方。粮仓在粮食运输中起着非常重要的作用，成为维系国家命脉的重要设施。隋炀帝时期，就设置了洛口、回洛两个大粮仓用来储存粮食。

盐运文化

盐船是忙碌运河上独特的风景。

盐运，要从西汉时期说起。当时，吴王刘濞开凿了一条专门用来运盐的人工运河，它被称为"运盐河"。通过这条"运盐河"，盐场的盐被源源不断地运到扬州，然后再运往全国各地，扬州慢慢成了繁盛之地。到了明朝，扬州仅大型盐商就超过100家，扬州也因此成为全世界最繁华的城市之一。

漕运是古代的一项经济措施。用今天的话来说，它就是利用水道（河道和海道）调运粮食（主要是公粮）的一种专业运输方式。

运河钞关

我们都知道漕运是古代主要的物流方式,但朝廷需要花费大量的人力、物力、财力来维系这个庞大的运输系统,比如需要有人管理河政、疏浚河道、建立粮仓……

为了保证这个庞大的运输系统能够顺利运行,明宣宗年间,朝廷在北运河沿线设立了专门的税收机构——钞关,向大运河上往来的航船征税,后来逐渐扩展到江南运河和长江中下游地区。

黄金水道

今天的大运河在航运、灌溉、防洪和排涝等方面仍然发挥着重要作用,是仅次于长江的第二条"黄金水道"。特别是1988年底建成的京杭运河和钱塘江沟通工程,将江、河、海衔接起来,构成了一个以杭州为中心,以京杭运河与长江、黄河、淮河、海河、钱塘江五大水系相连通的庞大的水运网。

高山流水 大运河

史诗大运河

流淌着诗情的大运河

"寒雨连江夜入吴,平明送客楚山孤",大运河里有送别友人的不舍;"姑苏城外寒山寺,夜半钟声到客船",大运河里有游子迁客的乡愁;"千里长河一旦开,亡隋波浪九天来",大运河里更有家国天下的情怀。

藏在书画里的大运河

从隋唐到北宋时期,书法艺术、绘画艺术快速发展,这都离不开大运河的影响。

中国十大传世名画之一《清明上河图》,描绘的就是北宋都城汴梁以及汴河(即通济渠)两岸清明时节的风光。

《清明上河图》(局部)

吟唱着戏曲的大运河

大运河的贯通,让昆曲这种艺术形式迅速传播,将水路变成"戏路"。

昆曲以大运河沿岸的江南城市为中心,沿河向北、向南、向西拓展,传至全国各地。

有了这条水上"戏路",四大徽班陆续沿大运河北上,进入北京演出,戏曲艺术不断融合、完善,最终诞生了中国的国粹艺术——京剧。

京剧《霸王别姬》

洞庭湖

课本里的洞庭湖

《望洞庭》唐·刘禹锡

湖光秋月两相和，潭面无风镜未磨。

遥望洞庭山水翠，白银盘里一青螺。

——三年级上册

相关名家名篇

屈原《湘夫人》　　　孟浩然《望洞庭湖赠张丞相》

杜甫《登岳阳楼》　　陈与义《登岳阳楼》

叶圣陶《记游洞庭西山》　余秋雨《洞庭一角》

上榜理由：八百里洞庭

洞庭湖位于湖南省北部，是中国第二大淡水湖，自古以来就有"八百里洞庭"之称。

洞庭湖西、南、东三面，有湘、资、沅、澧"四水"入江；北有松滋口、太平口、藕池口、调弦口（1958年堵口）"四口"分流。独特的地理位置加上丰富的物产，使得洞庭湖区成为举世闻名的"鱼米之乡"。

湖南省、湖北省就是因洞庭湖而得名，洞庭湖以北是湖北省，洞庭湖及其以南是湖南省。

走近洞庭湖

这里是"江湖"

洞庭湖处于长江中游荆江南岸,与长江的关系非常密切,可以用"江湖相通,互为补给"来形容。它既是长江的重要水源之一,又是长江水位的调节器。

当长江水位低时,洞庭湖就会给长江补水,确保在长江上航行的船只正常通航;当长江出现大洪水时,江水则通过"四口"分流到洞庭湖中,最后在湖南省岳阳市的城陵矶汇入长江。

白银盘里一青螺

洞庭湖区是一个碟形盆地,环湖丘陵像一条条长蛇蜿蜒盘旋,山势连绵。湖中山岛相间,其中最富盛名的就是君山。

唐朝诗人刘禹锡在路过洞庭湖时写下了这样的诗句——"遥望洞庭山水翠,白银盘里一青螺"。

这里的"青螺"指的就是君山，一个"螺"字充分说明了君山不高峻，但非常秀气的特点。

富饶之地，鱼米之乡

洞庭湖区自古就是淡水鱼类的著名产地，唐朝诗人李商隐曾经这样形容湖中渔产之盛——"洞庭鱼可拾"。

洞庭湖区盛产鲫鱼、鲢鱼、虾、蟹、龟、鳝等百余种水产，它们蛋白质含量丰富，味道鲜美，都是席上的珍品。

此外，洞庭湖区日照充分，土壤肥沃，水利灌溉方便，非常适宜发展农业，水稻种植业尤其发达，米质鲜香，形成了声名远播的洞庭稻米品牌。

许多洞庭湖名菜都和水产有关，例如"洞庭湖虾饼""洞庭湖香辣鱼仔""蝴蝶过海""洞庭湖火焙鱼"……看到这里，你的口水是不是都要流下来了？

百变洞庭湖

洞庭湖是一个"百变"的湖，它经历了从无到有、从小到大，再由大到小的过程。

上古至秦汉

洞庭湖是约上亿年前，因为地壳运动而形成的。关于洞庭湖的名称，历史上有许多种叫法：云梦、云梦泽、九江、五渚等。

至于"洞庭湖"这个名字，有人说始于春秋战国时期，因为湖中有洞庭山（即现在的君山）而得名。

唐朝李密思《湘君庙纪略》则称："洞庭盖神仙洞府之一也，以其为洞庭之庭，故曰洞庭。后世以其汪洋一片，洪水滔天，无得而称，遂指洞庭之山以名湖曰洞庭湖。"

●上古至秦汉·····························南北朝

南北朝

南北朝时期，湘、资、沅、澧四水改道，不再流入长江，而是汇入洞庭湖，洞庭湖面积进一步扩大。北魏郦道元在《水经注》中明确记载："湖水广圆五百余里。"

《水经注》不仅是一部地理巨著，在历史、文学等方面也具有很高的价值。书中对水道流经地区的自然环境、社会经济、民风习俗和相关神话传说都有详细记载。

高山流水　洞庭湖

元朝明朝

元明时期,由于荆江大堤经常决口,汛期进入洞庭湖的洪水量增大,洞庭湖的面积有所扩大。此外,明朝时期,大范围的退田还湖也使得洞庭湖面积持续扩大,约为5600平方千米。

唐朝

唐朝时期,洞庭湖面积持续扩大,开始有了"八百里洞庭"的说法。

唐朝诗人孟浩然曾在他的《望洞庭湖赠张丞相》一诗中描绘了洞庭湖广阔的湖面与磅礴的气势,形容洞庭湖"八月湖水平,涵虚混太清。"

······唐朝·········宋朝········元朝明朝···················清朝·····▶

宋朝

从宋朝开始,人类活动对洞庭湖的影响逐步占据了主导地位。当时,由于北方战乱,人口大量南迁,对粮食的需求量也日益增大,于是开始有了大范围的围湖造田运动,洞庭湖的面积开始慢慢缩小。

清朝

清政府为了增加财政收入,将围湖造田合法化。过度的围田开垦以及长江来沙量的日益增加,使洞庭湖明显萎缩。曾经的"八百里洞庭"被分割成许多大小湖泊,各部分之间由宽窄不一的水道相连。

文化洞庭湖

洞庭湖是中国农耕文明的发祥地之一,也是中国传统文化的发源地之一。

种植水稻

稻花飘香八千年

约8000年前,在洞庭湖畔生活、劳作的人们就已经掌握了人工水稻栽培技术,开启了洞庭湖农耕文明的发展。到明清时期,洞庭湖区已经成为全国著名的粮仓。

满湖洞庭荡诗情

中国诗歌发展史上有两个重要成就:一是楚辞,二是唐诗。而楚辞和唐诗都非常"钟爱"洞庭湖。

战国时期,屈原被流放到洞庭湖附近。他的名篇《离骚》《九章》《天问》中,就曾多次出现洞庭湖,如"驾飞龙兮北征,邅吾道兮洞庭""将运舟而下浮兮,上洞庭而下江"。

到了诗歌发展至鼎盛时期的唐朝,关于洞庭湖的作品更是数不胜数。

孟浩然在《望洞庭湖赠张丞相》中,借洞庭湖壮丽的景象和磅礴的气势,抒发自己的政治热情和希望。李白流放途中遇赦获释,在岳阳城与族叔李晔和友人贾至同游洞庭湖,留下"淡扫明湖开玉镜,丹青画出是君山""巴陵无限酒,醉杀洞庭秋"等名句。

屈原

高山流水 洞庭湖

洞庭天下水 岳阳天下楼

"楼观岳阳尽，川迥洞庭开。""昔闻洞庭水，今上岳阳楼。"岳阳楼和洞庭湖就像一对孪生兄弟，谁也离不开谁。

岳阳楼下瞰洞庭，遥望君山，最初是三国时期吴国都督鲁肃训练水师时构筑的阅兵台，因位于湖南大岳山之阳，故名"岳阳楼"。

不过，真正使岳阳楼名满天下的却是北宋文学家范仲淹的《岳阳楼记》，其中的名句"先天下之忧而忧，后天下之乐而乐"，数百年来，一直被人吟诵、铭记。

你知道吗？范仲淹在写《岳阳楼记》的时候，并没有到过岳阳楼，当时他远在河南的邓州。他的好友滕子京修缮了岳阳楼，并命人画了一幅《洞庭晚秋图》寄给他。范仲淹便"看图作文"，写了这篇千古名作《岳阳楼记》。

岳阳楼

中国五大淡水湖

洞庭湖位列我国"五大淡水湖"第二。下面,我们就一起来认识一下其他四大淡水湖。

鄱阳湖

鄱阳湖位于江西省,古称彭蠡、彭泽、彭湖,是中国第一大淡水湖,也是中国淡水渔业主要基地之一,还是国家级自然保护区,生活着鲤鱼、鲇鱼、银鱼等近百种鱼类,以及丹顶鹤、天鹅等珍稀禽类。

太湖

太湖位于江苏省,古称震泽、笠泽,是中国第三大淡水湖。太湖流域水网稠密,土壤肥沃,是中国重要的商品粮基地和桑蚕基地之一。

洪泽湖

洪泽湖位于江苏省,古称破釜塘,是中国第四大淡水湖。它既是淮河流域的大型水库、航运枢纽,又是渔产、禽畜产品的生产基地。

巢湖

巢湖位于安徽省,古称南巢、居巢,在五大淡水湖中湖水面积最小。巢湖是全国十大商品鱼类的生产基地之一,其中最有名的是银鱼、秀丽白虾和湖蟹,它们被誉为"巢湖三鲜"。

淡水湖指的是以淡水的形式积存在地表上的湖泊,是地球上重要的水资源。

钱塘江

课本里的钱塘江

《观潮》赵宗成 朱明元

钱塘江大潮,自古以来被称为天下奇观。

农历八月十八是一年中传统的观潮日。这一天早上,我们来到了海宁市的盐官镇,据说这里是观潮最好的地方。我们随着观潮的人群,登上了海塘大堤。宽阔的钱塘江横卧在眼前。江面很平静,越往东越宽,在雨后的阳光下,笼罩着一层蒙蒙的薄雾。镇海古塔、中山亭和观潮台屹立在江边。远处,几座小山在云雾中若隐若现。江潮还没有来,海塘大堤上早已人山人海。大家昂首东望,等着,盼着。

——四年级上册

相关名家名篇

刘禹锡《浪淘沙·其七》　　孟浩然《与颜钱塘登樟亭望潮作》
周密《观潮》　　　　　　丰子恺《钱江看潮记》

上榜理由:八月十八潮,壮观天下无

钱塘江,旧称"浙江",是浙江省最大的河流,以壮观的潮水而闻名。

北宋文学家苏轼在观看钱塘江大潮后,就发出了"八月十八潮,壮观天下无。鲲鹏水击三千里,组练长驱十万夫"的感叹。

走近钱塘江

钱塘江是我国东南沿海的著名河流,全长605千米,由上游的北源新安江、南源衢江,中游的富春江和下游的钱塘江串联而成,因流经古钱塘县(今杭州地区)而得名。

深潭与浅滩,万转出新安

新安江发源于安徽省黄山市,是钱塘江的正源。

新安江沿岸景色优美,自古以来吸引着很多文人墨客来此游览,吟诗作画、填词赋曲,这也为新安江赢得了"浙西唐诗之路"的美称。唐朝诗人孟浩然就曾这样赞美新安江:"湖经洞庭阔,江入新安清。"

四省通衢,五路总头

衢江发源于安徽省休宁县,因流经衢州而得名,是钱塘江的主要支流之一,也是衢州的母亲河。古时候的衢江,漕运十分发达,文人和商人在这里云集,好不热闹。

在古代,钱塘江还有另外两个名字——"之江"和"罗刹江"。

之所以叫"之江",是因为钱塘江在杭州附近是蜿蜒曲折地汇入大海的,再加上"西湖"这一点,很像汉字"之"字。"罗刹江"的得名则是因为江中曾有一块巨大而可怕的"罗刹石"。这块巨大的石头曾造成过很多船只倾覆,因此便有了这一"恶名"。

天下佳山水,古今推富春

新安江与衢江流至杭州市下辖建德市梅城镇汇合后称富春江。富春江一头连着"归来不看岳"的黄山,另一头连着"水光潋滟晴方好"的西湖,沿岸的风景更是令人陶醉。

南朝梁文学家吴均曾在他的名篇《与朱元思书》中这样描绘富春江的美景:"自富阳至桐庐一百许里,奇山异水,天下独绝。"

海色雨中开,涛飞江上台

富春江向东北流经桐庐县、富阳区,在东江嘴揽入浦阳江后称钱塘江,继续向东汇入东海,形成一个喇叭状的湾口,这就是杭州湾。

杭州湾口南北两岸相距约100千米,到澉浦镇急剧缩小到20千米,到了海宁市盐官镇,仅有2.5千米。不但如此,钱塘江河道自澉浦镇起,河床急剧抬高,河道变浅,大量潮水涌入变浅的河道,使潮头受阻,而后面的潮水又急速推进,便形成了天下奇观"钱江潮"。

高山流水 钱塘江

钱塘江之行

钱塘江干流与10余条主要支流，将沿江两岸的一颗颗"明珠"串缀起来，形成了一幅绝美的风景长卷。

天目山

天目山位于杭州市临安区，最早叫浮玉山，后来因为其有东西双峰，峰顶各有一个大水池，左右相对，就像一双眼睛，所以更名为"天目山"。

东天目山以峡谷、瀑布、云海闻名遐迩；西天目山则以"大树王国"闻名天下，拥有天目铁木、野生银杏、金钱松等许多古老珍稀的树种。

千岛湖

千岛湖，即新安江水库，是新安水电站建成、蓄水后形成的人工湖。

千岛湖全年气候湿润，冬暖夏凉，雨量充沛。湖中大大小小的岛屿多达1078个，这也是千岛湖名称的由来。

千岛湖动植物资源丰富，广袤的水面和大量植被，不但为各种动物、鸟类提供了优越的生存环境，也成为鱼类的乐园。

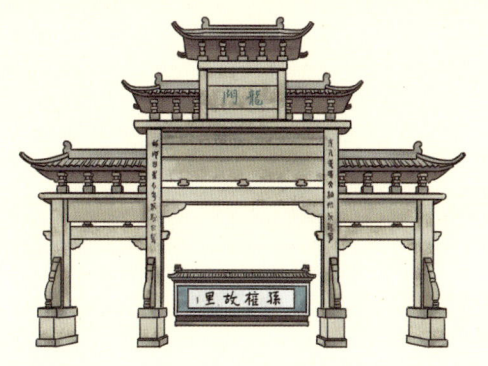

龙门古镇

龙门古镇位于富春江南岸,是三国时期孙吴开国皇帝孙权的故里。

相传,东汉名士严光隐居富春山,游览此地,曾赞叹"此地山清水秀,胜似吕梁龙门",龙门古镇因此得名。

钱塘潮

提起钱塘江,怎能不提钱塘潮呢?每年农历八月十八前后,是观赏钱塘潮的最佳时间。眼看着远处一个小白点儿,只一眨眼的工夫,就变成一道白练,伴随着闷雷般的潮声,白练翻滚而至,3至5米高的潮峰一层叠着一层,就像一条长长的白色丝带,汹涌而至,以排山倒海之势呼啸而来。

钱塘江大桥

钱塘江大桥全长1453米,是中国人自己设计和建造的第一座公路、铁路两用桥。这座大桥分上、下两层:上层为宽6.1米的公路桥,两侧设有人行道;下层为长1322.1米的铁路桥。

高山流水　钱塘江

传说里的钱塘江

关于钱塘江,自古以来就有很多传说,比如"钱王射日""潮神伍子胥""秦始皇祭大禹"等。下面,咱们也来听一个。

钱大王的故事

原先钱塘江大潮来时,跟其他地方的江潮一样,既没有潮头,也没有声音。

有一年,钱塘江边来了一个巨人,他一迈步就能从江这边跨到江那边。他住在萧山县(今杭州市萧山区)境内的蜀山上,引火烧盐。人们不晓得他叫什么名字,因为他住在钱塘江边,就叫他"钱大王"。

钱大王力气很大,他常常拿着自己的那根铁扁担,挑些大石头来放在江边,没过多久,这些大石头就堆成了一座又一座山。

一天,他去挑自己在蜀山上烧了三年零三个月的盐。可是这些盐只够装满扁担的一头,于是他在扁担的另一头系上了一块大石头,挑起来就跨到江北岸来了。

那天天气很

热，钱大王吃过午饭，有些累了，便放下担子想歇歇，没想到竟然睡着了。

正巧，东海龙王出来巡江，潮水涨了起来，涨呀涨呀，竟涨到岸上来了，钱大王挑的盐遇水都溶化了。东海龙王感到纳闷儿：水里怎么一股咸味呀，而且越来越咸。他受不了，转身就逃，没想到逃到海里，把海水都弄咸了。

钱大王睡了一觉，两眼一睁，看见扁担一头的大石头还放在硖石（今硖石山）上，而另一头的盐却没有了！

钱大王找来找去找不着盐，一低头闻到水里有咸味，以为是东海龙王偷了他的盐。于是他举起扁担就打海水，一扁担打下去，大鱼小鱼都被震死了；两扁担打得江底翻了身；三扁担打得东海龙王冒出水面来求饶。

东海龙王战战兢兢地问钱大王，究竟为何发这样大的脾气。钱大王说："你把我的盐偷到什么地方去了？"东海龙王这才明白海水变咸的原因，连忙赔罪，把自己怎样巡江，怎样无意中溶化了钱大王的盐使得海水也变咸的经过，一一说了。

钱大王心里好气呀，作势举起铁扁担砸向东海龙王。东海龙王慌得连连叩头求饶，承诺用海水晒出的盐来赔偿钱大王，而且以后涨潮的时候就叫起来，免得钱大王再睡着了听不见。钱大王觉得这个办法还不错，便饶了东海龙王，把自己的铁扁担向杭州湾口一放，说："以后潮水来时就从这里叫起！"东海龙王连连答应，钱大王这才高高兴兴地走了。

从那时起，潮水一进杭州湾，就把脖子伸得顶高，"哗哗哗"地叫得顶响，一直涨到钱大王坐过的地方，举世闻名的"钱塘潮"就是这样来的。

高山流水　钱塘江

诗词里的钱塘江

八月涛声吼地来，头高数丈触山回。

须臾却入海门去，卷起沙堆似雪堆。

——刘禹锡《浪淘沙·其七》

早潮才落晚潮来，一月周流六十回。

不独光阴朝复暮，杭州老去被潮催。

——白居易《潮》

刘禹锡和白居易是好朋友，他们两位都为钱塘潮留下了诗作。刘禹锡的《浪淘沙·其七》全诗仅用28个字，便把钱塘潮声势浩大、潮涨潮落的壮观景色刻画得淋漓尽致。白居易笔下的钱塘潮潮涨又潮落，让人不禁感叹时光易逝，人生易老，要珍惜眼前的光阴。

钱塘江上夜潮过，秋静寒烟白露多。

吴越青山明月里，舟人齐唱异乡歌。

——郑协《钱塘晚望》

当然，钱塘江的夜景我们也不能错过。《钱塘晚望》是南宋诗人郑协的代表作之一。郑协流传下来的诗作不多，其中以《溪桥晚兴》和这首《钱塘晚望》最为有名。

三峡

课本里的三峡

《早发白帝城》唐·李白

朝辞白帝彩云间，千里江陵一日还。
两岸猿声啼不住，轻舟已过万重山。

——二年级下册

《三峡》北魏·郦道元

自三峡七百里中，两岸连山，略无阙处。重岩叠嶂，隐天蔽日，自非亭午夜分，不见曦月。

…………

每至晴初霜旦，林寒涧肃，常有高猿长啸，属引凄异，空谷传响，哀转久绝。故渔者歌曰："巴东三峡巫峡长，猿鸣三声泪沾裳。"

——八年级上册

相关名家名篇

李白《上三峡》　　杜甫《秋兴八首·其一》

孟郊《巫山曲》　　陆游《三峡歌九首》

刘白羽《长江三峡》　　余秋雨《三峡》

上榜理由：黄金水道，九曲回肠

三峡是瞿塘峡、巫峡和西陵峡3段峡谷的总称。它西起重庆市奉节县白帝城，东到湖北省宜昌市南津关，全长208千米。

三峡两岸山高谷深，水道蜿蜒曲折。因其特殊的地理位置，在长江航运史上发挥着重要的作用，自古以来就有"黄金水道，九曲回肠"的美誉。

走近三峡

三峡两岸高山耸峙、峡谷幽深，江水汹涌湍急，自古以来就以雄、奇、险而著称。

瞿塘峡

三峡之中，最能体现"雄"的是瞿塘峡。瞿塘峡是三峡中最短、最窄的一段，但气势却最为雄壮。

行至瞿塘峡，河道的腰身忽然变窄，湍急的江水回旋不前，山水之间也互不相让，江水好像要使尽浑身力气，突破山壁的束缚。"峰与天关接，舟从地窟行"就是对这一景象的真实描绘。

瞿塘峡的绝景当属瞿塘关，又名"夔门"。峡谷在这里变得很窄，像长长的走廊，两岸的山峰则直上直下，像刀劈斧砍一般，气势雄伟。人们常说"天开一线，峡张一门，谷锁一江，此为夔门"。

巫峡

巫峡也叫大峡，起于巫山县大宁河口，止于巴东县官渡口，全长46千米。这里峡长谷深，两岸青山对出，终年云腾雾绕，以景色幽深秀丽而著称，是三峡中最具观赏性的一段。

巫峡段最有名的当属巫山十二峰。相传在大禹治水的时代,西王母的12个女儿因敬佩大禹,决定助他治水。她们送给大禹一本治水天书《上清宝经》,还一起帮助大禹疏通了峡道,解除了水患。治水成功后,12位仙女化成12座奇秀绝美的峰峦,日夜守卫在巫峡两岸。

巫山十二峰中,神女峰为最,相传为巫山神女瑶姬的居所。每天,神女峰都第一个迎来灿烂的朝霞,又最后一个送走绚丽的晚霞,所以也称"望霞峰"。

西陵峡

西陵峡,又称巴峡,是三峡最"险"处。这里航道曲折、滩多水急,可以说处处是急流,处处是险滩。其中最著名的就是泄滩、青滩和崆岭滩,其地怪石林立、浪涛翻滚。水流处汹涌激荡,惊险万分。

三滩之中,又数崆岭滩最为凶险。正所谓"青滩泄滩不算滩,崆岭才是鬼门关"。崆岭滩航道狭窄,水势又急,特别是洪水季节,激浪翻滚,水柱冲天,来往船只过滩,"必空其舲,方可上下",即必须将船上的货物卸下,才能勉强通过。

中华人民共和国成立后,经过多年治理以及葛洲坝水利枢纽工程的修建,西陵峡的水势已趋于平缓,但沿途景色依然秀丽,是著名的旅游胜地。

西陵峡

文化三峡

三峡之所以引人入胜，凭借的可不仅仅是磅礴的气势和险峻秀丽的风景，更在于它浓厚的历史文化。

大溪文化

在三峡古文明中，最具代表性的就是大溪文化。它因发现于重庆市巫山县大溪遗址而得名，年代约为公元前4500或4600—前3400年。据考证，在当时，原始稻作农业已经有相当程度的发展；制陶业非常发达，以红陶为主，白陶和彩陶也开始出现。

桑蚕丝帛文化

桑蚕丝帛文化是三峡地区服饰文化的特色。《史记·五帝本纪》记载："黄帝居轩辕之丘，而娶于西陵之女，是为嫘祖。"传说嫘祖是黄帝的

种桑养蚕

妻子，她教百姓种桑养蚕，缫丝织帛，是中国养蚕缫丝的创始人。时至今日，三峡地区的人们在婚丧嫁娶中仍以丝帛作为珍贵的礼品。

民俗文化

春游踏歌是三峡地区重要的民俗文化，从汉唐时期便开始流行。在宋朝，

龙舟竞渡

"踏歌"还被称为"踏迹"或"踏碛"。阳春三月,男女老少相携来到山间野外,畅游歌舞,十分热闹。

龙舟竞渡是三峡地区另外一种重要的传统习俗,据说是为了纪念大诗人屈原。

杜甫

诗词文化

自古以来,三峡就被誉为长江上的山水画廊,是无数文人墨客吟颂的对象。

说起描写三峡的诗词,首推就是大诗人李白的《早发白帝城》,很多人都是从这首诗里知道了白帝城。其实,李白在很多诗词里都描写过三峡,例如《上三峡》《峨眉山月歌》等,三峡在他心中的重要地位不言而喻。

除了李白,唐朝的另一位大诗人杜甫曾在三峡地区长期生活过,创作了很多有关三峡的诗篇,例如《秋兴八首》《瞿塘两崖》《闻官军收河南河北》等。

在李白和杜甫之后,白居易、刘禹锡、黄庭坚、范成大、陆游等,都到过三峡,留下了许多动人的诗篇。

222年,蜀主刘备伐吴,兵败夷陵,被迫退到白帝城。次年,刘备病重,临终前,他将丞相诸葛亮招到白帝城,把自己的儿子,也就是后主刘禅,托付给诸葛亮,这就是历史上有名的"白帝城托孤"。

水利三峡

如果你有机会到三峡,除了自然景观,还可以看见一座宏伟的人工建筑——三峡水电站。

三峡水电站位于西陵峡中段,又称三峡工程,于1994年正式动工兴建,2009年全部完工,是迄今为止国内最大的水利发电工程。

历史上,长江洪水经常泛滥,每一次洪灾都会给沿岸的人民带来巨大的灾难。三峡水电站的功能之一就是防洪。其主体工程三峡大坝,长2335米,底部宽115米,顶部宽40米,坝高185米,正常蓄水位175米,防洪库容221.5亿立方米,有效减轻了洪水到来时,长江中下游河段的抗洪压力。

除了防洪,三峡水电站另外一个重要的功能就是发电。

2012年,三峡水电站最后一台水电机组投产,装机容量2240万千瓦,成为全世界最大的水力发电站和清洁能源生产基地。2014年底,三峡水电站全年发电量达988亿千瓦时,首度成为世界上年度发电量最高的水电站,有效缓

解了我国电力供应紧张的局面。

长江是我国重要的航运线路,三峡大坝就坐落于这条繁忙的水路之上。在三峡工程建成以前,由于滩多水急,航运效率十分低下。三峡工程的成功建成和蓄水,从根本上改变了长江中上游的航运条件,结束了"自古川江不夜航"的历史。

现在,每天大约有上百艘船舶通过三峡大坝,其中不乏万吨级巨轮,呈现出"百舸争流、千帆竞发"的繁荣景象。

高山流水 三峡

三峡大坝的"超级电梯"

为了缩短航运时间,建设者在三峡水电站打造了一座垂直升船机,它可以让船舶像坐电梯一样直接升至坝顶,将通过三峡大坝的时间从原来的3个多小时缩短到40分钟。

垂直升船机　　　　双线五级船闸

诗词里的三峡

我们刚刚讲过,很多文人墨客都描写过三峡。下面,我们就一起来看看诗词里的三峡吧。

巫峡苍苍烟雨时,清猿啼在最高枝。

个里愁人肠自断,由来不是此声悲。

——刘禹锡《竹枝词九首·其八》

瞿唐天下险,夜上信难哉。

岸似双屏合,天如匹帛开。

逆风惊浪起,拔稳暗船来。

欲识愁多少,高于滟滪堆。

——白居易《夜入瞿唐峡》

十二巫山见九峰,船头彩翠满秋空。

朝云暮雨浑虚语,一夜猿啼明月中。

——陆游《三峡歌九首·其三》

你还知道哪些有关三峡的古诗词?告诉我们吧。

黄 山

课本里的黄山

《黄山奇石》佚名

中外闻名的黄山风景区在我国安徽省南部。那里景色秀丽神奇，尤其是那些怪石，有趣极了。

就说"仙桃石"吧，它好像从天上飞下来的一个大桃子，落在山顶的石盘上。

在一座陡峭的山峰上，有一只"猴子"。它两只胳膊抱着腿，一动不动地蹲在山头，望着翻滚的云海。这就是有趣的"猴子观海"。

——二年级上册

相关名家名篇

李白《送温处士归黄山白鹅峰旧居》

徐霞客《游黄山日记》　　龚自珍《黄山铭》

叶圣陶《黄山三天》

上榜理由：五岳归来不看山，黄山归来不看岳

"五岳归来不看山，黄山归来不看岳。"这是后人从明朝旅行家徐霞客的黄山诗文中引申而来的一句话。意思是说，看过了中国的五大名山就不必再看其他山了，而看过了黄山的美景之后，五大名山也不必再看了。就连游遍祖国名山大川的徐霞客都连连赞叹，黄山的风景该有多美呀！

黄山巍峨挺拔，雄奇瑰丽，海拔千米以上的高峰就有80多座，其中最有名的是素有"三大主峰"之称的莲花峰、光明顶和天都峰。

走近黄山

黄山位于安徽省南部的黄山市，集世界自然遗产、世界文化遗产、世界地质公园3项桂冠于一身。黄山的景色一年四季各不相同，无论哪个季节来游玩，都能看到令人叫绝的美景。在黄山所有的美景当中，最著名的就是奇松、怪石、云海、温泉和冬雪，合称"五绝"。

同时拥有世界自然遗产、世界文化遗产、世界地质公园这3项桂冠可不是一件容易的事，截至目前，在我国只有泰山和黄山两地享有这个殊荣。

迎客松

奇松

虽然你可能没有去过黄山，但图中这棵松树你肯定见到过，这就是著名的黄山迎客松。如今，它已经成了黄山的象征。在日常生活中，我们也经常能够见到它：车站码头、酒店的屏风、院子的影壁墙上……处处都有迎客松挺拔的身姿。

事实上，在黄山，像迎客松这样的松树可不止一棵。它们扎根于黄山的峭壁上、陡崖边，姿态优美，枝干遒劲，虽然饱经风霜，却仍然郁郁苍苍，充满生机。

怪石

黄山上还有许多形状奇特的石头，大的像山峰那么高，小的就像一个盆景。这些石头的形状和姿态都非常有趣，令人浮想联翩：有的像一只石猴蹲在云海之中；有的像穿着道袍的仙人高举着手臂，仿佛在为游人指路；有的像一只振翅鸣叫的大公鸡；有的像一只倒挂着的靴子，似乎是刚洗了被晾在那儿……人们还专门为

猴子观海

这些石头起了有趣的名字：猴子观海、仙人指路、金鸡叫天门、仙人晒靴……如果你到黄山旅游，一定不要忘了找一找这些有趣的石头。

温泉

据统计，在黄山，大大小小的温泉有十几处，其中最有名的就是位于黄山风景区汤泉溪南岸的"黄山飘雪温泉"。传说，黄帝曾在这里沐浴，沐浴完白发变黑，返老还童。温泉因此名声大振，被称为"灵泉"。

云海

想象一下：当你站在高山之巅，如梦如幻的云雾在你脚下不停地升腾、翻滚、碰撞，你是不是会觉得自己如同到了仙境？黄山云海，就是这样一个让人流连忘返的仙境。

黄山是云雾之乡，由于山高谷深、树木繁茂、降水量大，一年之中有200多天都是云雾天气，由此形成了云海这一壮丽的自然景观。

冬雪

安徽省位于我国南北方的分界线上，其中包括黄山在内的大部分地区都属于南方，但由于山高谷深，气候呈垂直变化，形成了独具特色的"冬雪"景观。既有纷纷扬扬的鹅毛大雪，又有铺满峰峦的皑皑冰雪，再加上绝美的雾凇、云海和日出，冬天的黄山被装扮得如人间仙境，充满诗情画意。

文化黄山

黄山不仅拥有得天独厚的自然资源，也有着深厚的历史文化底蕴。古往今来，人们游览黄山、歌颂黄山，留下了丰富的文化遗产。这些遗产可以用"五胜"来概括，即历史遗存、文学、书画、名人和传说。

历史遗存

我们在登黄山的时候，经常可以见到古蹬道、古楹联、古桥、古亭、古寺、古塔等古迹，这些都属于历史遗存。在黄山的历史遗存当中，最引人注目的就是摩崖石刻。据统计，黄山现存历代摩崖石刻200多处，它们共同组成了一部雕刻在岩石上的"黄山史记"。

摩崖石刻是中国古代的一种石刻艺术，广义的摩崖石刻指刻在山崖石壁上的文字、造像或者岩画。

文学

自古以来，黄山就是历代文人争相游览、吟咏的地方。

唐朝大诗人李白游历黄山，在这里与朋友相会，喝酒赋诗，留下了"黄山四千仞，三十二莲峰。丹崖夹石柱，菡萏金芙蓉"的名句。

另一位唐朝诗人贾岛游览黄山、沐浴温泉后，则写下了"一濯三沐发，六凿还希夷。伐毛返骨髓，发白令人黟"的名句。

书画

黄山被称为"中国山水画的摇篮",它孕育了中国唯一一个以山名命名的画派——黄山画派。

黄山画派的艺术风格清高深沉,笔墨凝重简练,构图明快秀丽,在画坛独树一帜,代表画家梅清、石涛、渐江,人称"黄山画派三巨子"。他们三人虽然画风各不相同,但都以描绘黄山的峰峦烟云之变化而著称。在近现代,黄宾虹、刘海粟、张大千等一批画家也都继承了黄山画派的艺术风格,留下了很多传世佳作。

名人

除了我们前面提到的黄帝、李白、贾岛、徐霞客等人,很多历史名人都来过黄山,例如同为唐朝大诗人的王维、有"花间词派鼻祖"之称的温庭筠、清朝哲学家戴震、清朝思想家魏源和现代著名作家老舍等。他们或游览黄山,或客居黄山,留下了很多作品,也留下了许多故事。

传说

除了黄帝的传说,在黄山还流传着其他很多古老的传说,为这座山增添了许多神秘色彩。比如,关于黄山奇石"梦笔生花",就流传着这样一个故事。

相传大诗人李白来到黄山,见到黄山风景秀丽,诗兴大发,便大声吟诵起来。声音传到了狮子林禅院,惊动了禅院的长老。长老走出山门一看,眼前是一位白衣秀士,上前施礼后才知道原来是李白。长老急忙吩咐小和尚搬来米酒,二人坐在地上开怀畅饮起来。李白趁着酒兴奋笔疾书,赋诗一首。写完后,便将毛笔顺手一掷,那毛笔翻翻摇摇,直直地插入土中。随后,李白告辞而去。长老送走李白,回头一看,不禁大吃一惊。原来,刚才李白掷下的毛笔已经化成一座山峰,笔尖化作一棵松树,就是我们现在看到的"梦笔生花"石。

高山流水 黄山

人文黄山

黄山的周边，还有很多值得游览的人文景观。

徽州古城

在黄山东南方向的黄山市歙县徽城镇，有一座千年古城——徽州古城，是中国保存完好的四大古城之一。徽州古城始建于秦朝，是中国三大地方学派之一"徽学"发祥地，被誉为"东南邹鲁、礼仪之邦"。

我们现在看到的徽州古城，始建于明朝，重修于清朝，分内城和外廓两部分，东、西、南、北开有四门。如今，走在徽州古城，园林、长亭、古桥、石坊、古塔仍随处可见。

中国保存完好的四大古城除了徽州古城，还有平遥古城、丽江古城、阆中古城。

皖南古村落

皖是安徽省的简称，皖南古村落指的是安徽省南部一些保存完好的徽派民居。这些古村落大都位于黄山市黟县的东部，白色的墙，黑色的瓦，深深的天井，高高耸起的马头墙，令人叹为观止的砖雕、石雕和木雕，再加上小桥、流水、青山、绿树，活脱脱就是一幅幅古老的水墨画，深深地吸引着八方游人。我们熟悉的西递、宏村、呈坎等都是皖南古村落的典型代表。

有一句关于徽派建筑的顺口溜，能帮我们更轻松地记住它的特征：粉壁黛瓦马头墙，天井浮雕冬瓜梁。

屯溪老街

如果你没有时间一一走遍黄山周边的这些古城或者古村落，不用着急。为了让大家更好地了解和感受徽州地区的风貌，黄山市屯溪区建有一条屯溪老街。

老街长1272米，短短的一条街浓缩了近千年的徽文化，白墙黛瓦的徽派建筑、独具风味的特色小吃，一应俱全。走在老街上，你能够看到古老的钱庄、银楼，品尝到黄山毛峰、祁门红茶等黄山特产，还可以买到歙砚、徽墨、宣纸。要知道，徽州可是"文房四宝"的故乡，是中国优质笔墨纸砚的制造基地。这下你明白黄山画派诞生在这里的原因了吧？除了有黄山美景的滋养，也离不开这些上好的笔墨纸砚。

黄山美食

到了黄山，可千万不要错过黄山美食。黄山美食属于徽菜，起源于南宋时期，是中国一个非常古老的菜系。

在所有的黄山美食中，最有名的当属臭鳜鱼。它有200多年的历史，是徽州传统的民间菜，以鳜鱼、生姜、红辣椒等为原料制作，闻起来臭，吃起来香，是一道令人垂涎欲滴的佳肴。

黄山毛峰

毛豆腐　　　臭鳜鱼

你的家乡有没有这种闻起来臭、吃起来香的特色美食呢？或者你还知道哪些类似的食物？说说看吧。

高山流水　黄山

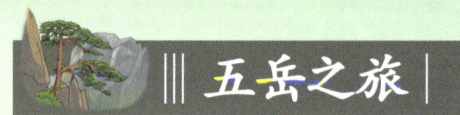

五岳之旅

"五岳归来不看山,黄山归来不看岳。"我们已经游览了黄山,下面就转过头来看看五岳吧。

东岳泰山

泰山位于山东省泰安市,是五岳之首,古人将其视为可以"直通天庭"的神山,历代君王纷至沓来,在此祭天封禅,留下许多古迹和传说。

西岳华山

华山位于陕西省华阴市,山势陡峭险峻,犹如刀削斧砍,素有"奇险天下第一山"之称。

南岳衡山

衡山位于湖南省中部偏东南部,是中国著名的道教、佛教圣地。根据战国时期天文学著作《甘石星经》记载,衡山位于二十八宿中的轸星之翼,犹如衡器,可称天地,因此得名。

北岳恒山

恒山位于山西省大同市浑源县,古称玄武山、崞山,是五岳当中"年龄"最小的,在清朝初年才被定为五岳之一。

中岳嵩山

嵩山位于河南省登封市,西汉时期确定为五岳之一,称为"中岳",是中华文明的重要发源地之一。我们熟悉的少林寺就位于嵩山。

庐山

课本里的庐山

《庐山的云雾》老舍

景色秀丽的庐山,有高峰,有幽谷,有瀑布,有溪流,那变幻无常的云雾,更给它增添了几分神秘的色彩。在山上游览,似乎随手就能摸到飘来的云雾。漫步山道,常常会有一种腾云驾雾、飘飘欲仙的感觉。

——三年级下册

相关名家名篇

李白《望庐山瀑布》　　孟浩然《彭蠡湖中望庐山》

苏轼《题西林壁》　　　徐霞客《游庐山门记江西九江府》

胡适《庐山游记》　　　丰子恺《庐山游记》

上榜理由:匡庐奇秀,甲天下山

"匡庐"指的就是庐山。相传殷周时期,匡氏兄弟七人结庐隐居于山中。后来,兄弟七人都成仙而去,只留下一座草庐,草庐幻化为山,所以,后人便称这座山为庐山、匡庐。

817年,诗人白居易来到庐山,被这里的风光所吸引,挥笔写下"匡庐奇秀,甲天下山",把庐山放在中国名山之首。千百年来,无数文人墨客慕名来到庐山,留下了数不清的丹青墨笔和脍炙人口的诗词歌赋。

走近庐山

庐山位于我国江西省九江市。它的东边是"油菜花的故乡"婺源县和"中国第一大淡水湖"鄱阳湖；西边是京九铁路大动脉；南边是闻名天下的滕王阁；北边则是波涛滚滚的长江。

景色秀丽的庐山，有高峰，有幽谷，有瀑布，有溪流。下面，就让我们一起走近庐山，欣赏它的美景吧。

横看成岭侧成峰，远近高低各不同

庐山群峰耸立，连绵起伏，光是有名字的山峰就有100多座。这些山峰各有各的姿态，各有各的模样：终年云雾缭绕，在阳光的照射下好像一片紫色云霞的，是香炉峰；雄伟高大，峰顶上还顶着一块巨大石台的，是汉阳峰。除此之外，还有太乙峰、金轮峰、铁船峰、独柱峰……

难怪苏轼来到这里，会发出"横看成岭侧成峰，远近高低各不同"的感叹。

飞流直下三千尺，疑是银河落九天

说完庐山的山，我们再来看看庐山的水。

庐山的水非常多，不管你走到哪里，都能看到瀑布溪流，听到泉水叮咚。其中最有名的就是被誉为"庐山第一奇观"的三叠泉瀑布。三叠泉瀑布由大月山和五老峰的涧水汇合而成，落差达150多米，就好像一条翱翔的玉龙从山顶飞流而下，声音惊天动地，撼人心魄。

人间四月芳菲尽，山寺桃花始盛开

庐山可不是只有桃花哦！还有瑞香花、莲花、菊花、云锦杜鹃、岩桂、玉兰、山茶、栀子……整座山是一个"花的世界"。

瑞香花是庐山独特的山花种类，其形状和丁香差不多，散发着浓烈的香味。据记载，医药学家李时珍还曾经专门来到庐山寻找瑞香花。

莲花也是庐山的代表花种之一。晚年隐居庐山的宋朝著名理学家周敦颐就尤其喜爱莲花，他还写过著名的《爱莲说》呢！

三石一茶

庐山的特产美食五花八门，其中最有代表性就是"三石一茶"。

"三石"指的是石鱼、石耳、石鸡。石鱼生活在庐山的泉水溪流中，个头儿很小，味道鲜美，可以炖着吃、炒着吃。石耳是一种长在悬崖峭壁上的野生菌类，因为形状扁平，好像人的耳朵，而且长在石头上，所以被称为"石耳"。石鸡可不是真的鸡，而是一种生长在岩壁洞穴里的蛙类，它的样子和青蛙很像，但个头儿更大，肉质鲜美。

庐山云雾茶

"一茶"指的是著名的庐山云雾茶。它最初的名字是"闻林茶"，宋朝时被列为贡茶，专门供皇室贵族享用。到了明朝，闻林茶正式改名为"庐山云雾茶"，以味醇、色秀、香馨、液清而声名远扬。

高山流水 庐山

历史庐山

庐山不仅风景秀丽，而且具有深厚的文化底蕴。历史上不少名人都曾到过庐山，留下了不少历史遗迹和故事传说。

公元前 126 年

这一年，一个年轻人到庐山游历。他站在山顶，眺望着传说中大禹治水时疏通的九江，心潮澎湃。多年后，他在自己的著作里记录下了这次游览庐山的经历："余南登庐山，观禹疏九江。"这个年轻人就是司马迁，这部著作就是被誉为"史家之绝唱"的《史记》。这也是庐山第一次正式登上历史舞台。

司马迁

● 公元前 126 年 ·· 345—384 年 ·········

345—384 年

345年，王羲之担任江州刺史。因为喜欢庐山的奇峰秀水，于是他命人在金轮峰下建造房屋，有空的时候就来这里游玩，或者读书写字，留下了羲之洞、洗墨池等遗迹。

王羲之离开庐山约40年后，高僧慧远路过庐山，见这里风景清幽，正是修行的好地方，于是就在这里建造了一座寺庙，住了下来。慧远不但精通佛学，而且对儒家、道家的学问都有很深的研究，所以很多高僧名士都慕名来到庐山。随着来的人越来越多，原来的寺庙已经住不下了。当时的江州刺史知道了这件事，就命人在庐山西面新建了一座东林寺，专门作为慧远研究佛法的场所。

东林寺

高山流水　庐山

785—805 年

唐朝贞元年间,李涉、李渤兄弟在庐山下隐居读书。因为李渤闲暇时喜欢养白鹿,所以人们都称他为"白鹿先生",把兄弟俩隐居的地方称为"白鹿洞"。

后来,李渤担任江州刺史,为了纪念自己读书的地方,命人在附近广植花木,建造亭、台、楼、阁。

940—1054 年

南唐时期,朝廷命李善道、朱弼等人在庐山聚徒讲学,建立"庐山国学",文人学者争相前来。

北宋初年,宋太宗重视书院教育,将原先的讲学场所扩建为书院——白鹿洞书院,该书院后成为全国四大书院之一。

四大书院,即白鹿洞书院、应天书院、嵩阳书院和岳麓书院。

785—805 年　　940—1054 年　　1179—1644 年

1179—1644 年

1179年,理学大家朱熹到庐山任职,来到白鹿洞书院。当时,白鹿洞书院已经毁于战火。朱熹到任后,决定对书院加以修缮,并把复兴书院的设想上报朝廷。第二年,在朱熹的主持下,白鹿洞书院迎来了一批新的学生。在开学典礼上,朱熹欣然写下了《次卜掌书落成白鹿佳句》,表达自己的欣喜之情。

白鹿洞书院

在管理书院期间,朱熹筹划设置学田,避免书院出现因为经费不足而办不下去的情况。除此之外,他还制定了详细的学规、课程,聘请有名的学者来学院讲学,开展多种形式的教学活动。

此后一直到清朝初年,白鹿洞书院一直是宋明理学的中心学府。

文学庐山

在中国文学史上,庐山一直是个神奇的存在。历代文人墨客写下了许多关于庐山的诗篇,让我们一起来看看其中哪些是你读过的吧!

结庐在人境,而无车马喧。
问君何能尔?心远地自偏。
采菊东篱下,悠然见南山。
山气日夕佳,飞鸟相与还。
此中有真意,欲辨已忘言。

——陶渊明《饮酒·其五》

庐山幽深清静,远离尘世,吸引了很多隐逸之士来这里居住,其中就有陶渊明。405年,陶渊明辞去彭泽县令之职,曾在庐山脚下隐居,并写下了《归去来兮辞》《归园田居》《饮酒》等著名作品。他笔下的"南山",很有可能就是庐山。

人间四月芳菲尽,山寺桃花始盛开。
长恨春归无觅处,不知转入此中来。

——白居易《大林寺桃花》

大林寺位于庐山的大林峰。817年,白居易和朋友们来到大林寺。那时已是农历四月,山下的春花早都谢了,可大林寺的桃花却开得正好。白居易有感而发,写下了这首诗。

为什么大林寺的桃花开得这么迟呢?这就要从气象学的角度来解释了。在山地地区,海拔越高,温度越低。大林峰海拔在1000米以上,山上温度要比山下低六七摄氏度。所以,大林寺的桃花开得会迟一些。这也就是我们所说的"一山有四季,十里不同天"。

横看成岭侧成峰,远近高低各不同。
不识庐山真面目,只缘身在此山中。

——苏轼《题西林壁》

日照香炉生紫烟,遥看瀑布挂前川。
飞流直下三千尺,疑是银河落九天。
——李白《望庐山瀑布·其二》

虚空落泉千仞直,雷奔入江不暂息。
今古长如白练飞,一条界破青山色。
——徐凝《庐山瀑布》

这两首诗可以说是在关于庐山的古诗词中流传最广的了。

李白曾经先后5次来到庐山,写下了十几首关于庐山的诗。

苏轼所写的关于庐山的诗比李白要少一些,他曾在散文《自记庐山诗》中提及,自己在庐山创作有5首诗。在这篇文章的末尾,苏轼写道"仆庐山诗尽于此矣",意思是"我关于庐山的话都说完了"。

关于这首诗,有一个典故。据传白居易在杭州当官时,诗人徐凝和张祜结伴去拜访他。那时,文人之间经常饮酒斗诗。席间,徐凝问张祜:"你最近有什么佳作啊?"张祜随口吟道:"日月光先见,江山势尽来。"

徐凝听了,说:"好是好,但可比得上我的'今古长如白练飞,一条界破青山色'?"张祜听完一下子愣住了,白居易则是连连鼓掌,称赞徐凝写得更好。

神话庐山

和许多名山一样,庐山也有自己的神话传说。下面我们就来欣赏其中的一篇。

秦始皇赶山

传说,秦始皇不知什么时候得到一条赶山神鞭,神鞭所到之处,山崩地裂。秦始皇利用这条神鞭赶山填海,秦国的疆域一天天扩大。

有一天,秦始皇挥动神鞭,抽下骊山一角,将其变成一座孤山。随后,秦始皇又连抽几鞭,把孤山赶到了长江南岸的鄱阳湖畔。此时已是夜幕时分,秦始皇也累了,于是决定休息一会儿。谁知就在他酣睡之时,南海观世音菩萨用一条普通的鞭子换走了神鞭。

第二天,秦始皇醒来,举起鞭子抽向孤山,那座山竟岿然不动。秦始皇生气了,朝着孤山连抽了九十九下,直打得那山满身鞭痕,汗如雨下,可它就是一动不动。

秦始皇无可奈何,只好扔下鞭子垂头丧气地回都城去了。从此,那山便在鄱阳湖畔扎下了根,就是今天的庐山。那九十九条鞭痕,变成九十九道深谷;那条鞭子,变成了高耸入云的山峰;山身上流淌的汗水,则化作了群山之中的银泉飞瀑。

天 山

课本里的天山

《七月的天山》碧野

进入天山，戈壁滩上的炎暑被远远地抛在后边，迎面送来的雪山寒气，会使你感到像秋天似的凉爽。蓝天衬着高耸的巨大的雪峰，太阳下，雪峰间的云影就像白缎上绣了几朵银灰色的花。融化的雪水，从峭壁断崖上飞泻下来，像千百条闪耀的银链，在山脚下汇成冲激的溪流，浪花往上抛，形成千万朵盛开的白莲。每到水势缓慢的洄水涡，都有鱼儿在欢快地跳跃。这个时候，饮马溪边，你骑在马上，可以俯视阳光透射到的清澈的水底，在五彩斑斓的溪水和石子之间，鱼群闪闪的鳞光映着雪水清流，给寂静的天山增添了无限生机。

——四年级下册

相关名家名篇

骆宾王《晚度天山有怀京邑》　　卢照邻《横吹曲辞·梅花落》
岑参《天山雪歌送萧治归京》　　李益《从军北征》
洪亮吉《天山客话》　　　　　　梁羽生《七剑下天山》

上榜理由：世界著名山系

虽然名字里有"山"，但天山并不是一座山，而是一个巨大的山系。它从东到西，横穿中国、哈萨克斯坦、吉尔吉斯斯坦和乌兹别克斯坦4个国家，全长2500千米，是世界上最长的东西走向的独立山系。

山系，指的是规模巨大、结构复杂、绵延遥远并按一定方向延伸的山脉的组合体。

走近天山

天山在中国境内的部分长约1760千米，由三列平行的褶皱山脉组成，从北向南依次为北天山、中天山和南天山，它们共同构成了天山的主体。

冰火两重天

天山山脉的海拔多在4000米以上。而在这些山体之间，又夹杂着很多山谷和盆地，这就使得天山山脉的气候明显分成冷、热两季。

比如同为7月，位于博格达山和库鲁克塔格山之间的吐鲁番盆地，平均气温可达34℃；而在天山腹地海拔3000米以上的地方，平均气温只有5℃。真是冰火两重天！

天山山脉身处亚欧大陆腹地，是世界上距离海洋最远的山系。

水润的山

天山虽然离海洋很远,却并不缺水,新疆一半以上的水资源都源于天山。

在干旱的新疆荒漠中,天山就如同一座"湿岛",我国15%以上的冰川都孕育于此。这些冰川融化而成的水,涌入各条河流之中,滋养着南疆和北疆干涸的土地。有水的地方就会有生命,这些河流成为沿线绿洲的生命之源,其中就包括中国最长的内流河——塔里木河。

天然的优良牧场

天山草原面积广大,水源充足,是新疆主要的天然牧场。

当太阳刚爬上天山高峰,森林里的鸟儿发出第一声歌唱时,牧民们就已经吆喝着羊群,向山头草地进发,开始一天的放牧生活。因为海拔较高,天山草原的牧草基本没有受到污染,品质十分优良,养育了千万头牲畜,比如著名的伊犁马、巴里坤马、焉耆马、新疆黄牛和新疆细毛羊,都生活在这片美丽的草原上。

如果说黄河是中华民族的母亲河,那么天山就是新疆地区的"母亲山"。

高山流水　天山

天山之旅

壮美的自然风光

如果说黄山天下奇、庐山天下秀,天山则当得起"壮美"二字。天山既高峻险拔,又生机盎然,美得令人震撼。

博格达峰

博格达峰位于新疆维吾尔自治区阜康市境内,海拔5445米,是天山山脉东段的最高峰。"博格达"源自蒙古语,意为神灵。自古以来,当地少数民族都把博格达峰奉为"神山"。

博格达峰最奇特之处,在于它拥有从雪山到沙漠的7个垂直自然带。换句话说,站在远处眺望博格达峰,你会依次看到山顶的雪山、山腰的森林、山麓的草原,以及沙漠等截然不同的景观。

在博格达峰的山腰,有一个不容错过的景点,那就是被称为"瑶池"的天山天池。天池的美只有身临其境才能感受到:

头顶是山峰的冰川积雪，脚下是清澈如玉的高山湖泊。环视四周，群山环抱、绿草如茵、野花似锦，不由令人沉醉其间，流连忘返。

巴音布鲁克草原

巴音布鲁克草原，这是一个仅听名字就觉得很美的地方。它是中国的第二大草原，也是新疆最重要的畜牧业基地之一，周围雪山环绕，山泉密布。巴音布鲁克，蒙语就是"泉水充沛"的意思。

由于受人类活动影响较小，巴音布鲁克草原成为野生动物理想的栖息繁殖地。灰鹤、白鹭、大天鹅、小天鹅、焉耆马、巴音布鲁克羊……各种各样的动物在这里哺育后代，繁衍生息。

喀拉峻草原—库尔德宁

喀拉峻草原—库尔德宁地区是天山申报世界自然遗产时确定的代表地区之一。其中，喀拉峻草原是新疆维吾尔自治区第二大高山草原，也是高山草甸的典型代表。在这里，高低起伏的森林与鲜花绽放的草原交织在一起，形成了一种色彩斑斓的奇特景观——花斑森林。

库尔德宁则代表了天山的沟谷之美，天山地区特有的植被——雪岭云杉就集中分布在这里。

托木尔峰

托木尔峰位于天山山脉西段的南天山，维吾尔语意为"铁峰"，海拔7443米，是天山山脉的最高峰。

托木尔峰的南北坡野生动物资源非常丰富，有金雕、秃鹫、猞猁、雪豹、盘羊等许多珍稀动物。其中，峰区以北为西汉时期乌孙故地，历史上有名的天马——汗血马，就产于这里。

高山流水　天山

天山之旅

古老的丝绸之路

　　天山是古代丝绸之路中最重要的一条干线。这条路上走过西汉远嫁的公主，走过出使西域的张骞，也走过前往古印度求法的玄奘。

交河故城遗址

交河故城

　　交河故城地处东天山南麓，是世界上最大、最古老、保存最完好的城市建筑遗址。历史上的交河城始建于公元前2—公元5世纪，在南北朝和唐朝时期达到鼎盛。9—14世纪，由于连年遭受战火摧残，交河城逐渐衰落，只留下遗址任后人凭吊。

　　如今我们可以看到的城市遗址南北长约1000米，东西最宽处约300米，按照建筑布局分为居民区、寺院区和官署区。

克孜尔尕哈烽燧

　　在新疆维吾尔自治区库车市郊外，有一处汉代烽燧遗址——克孜尔尕哈烽燧，它虽然没有垛口、敌楼、城墙，却和长城起着一样的作用，守护着国家的边关。

　　克孜尔尕哈烽燧建于西汉时期，是古代丝绸之路上保存最完好的一处烽燧遗址。烽燧高高耸起，用黄土夯筑的高台经历了2000多年的风雨依然屹立不倒，让人不得不赞叹古人的智慧。

克孜尔尕哈烽燧

克孜尔石窟

提起石窟，人们大都会想到敦煌莫高窟、龙门石窟等。其实在天山南麓，也有一座古老的石窟，就是位于新疆维吾尔自治区拜城县的克孜尔石窟。

克孜尔石窟大约开凿于东汉末年，是我国开凿最早、地理位置最靠西的大型石窟群。

克孜尔石窟

克孜尔石窟现有洞窟251个，其中保存较完整的有74个，洞窟内以壁画为主，内容十分丰富，既有反映现实生活的畜牧、狩猎、耕作场面，也有舞蹈、建筑等画面，还有鹿、象、狮等动物画面。

高山流水 天山

北庭故城

北庭故城位于新疆维吾尔自治区吉木萨尔县城北，南依天山博格达峰，北接准噶尔盆地，为唐朝北庭都护府治所遗址，也是古代丝绸之路的必经之地。

我们熟悉的唐朝边塞诗人代表之一岑参，就曾经在北庭都护府任职。

岑参

诗词里的天山

古往今来，从帝王到诗人，写下了不少与天山有关的诗词。但你知道吗？很多诗词里的"天山"，指的并不是前文中的这个"天山"。

青海无传箭，天山早挂弓。

——杜甫《投赠哥舒开府翰二十韵》

五月天山雪，无花只有寒。

——李白《塞下曲》

明月出天山，苍茫云海间。

——李白《关山月》

上面三首诗中的"天山"，指的都是祁连山。

当然，有些"天山"指的就是前文中的天山。

忽上天山路，依然想物华。

——骆宾王《晚度天山有怀京邑》

天山有雪常不开，千峰万岭雪崔嵬。

——岑参《天山雪歌送萧治归京》

梅岭花初发，天山雪未开。

——卢照邻《横吹曲辞·梅花落》

小兴安岭

课本里的小兴安岭

《美丽的小兴安岭》董玲秋

我国东北的小兴安岭,有数不清的红松、白桦、栎树……几百里连成一片,就像绿色的海洋。

春天,树木抽出新的枝条,长出嫩绿的叶子。山上的积雪融化了,雪水汇成小溪,淙淙地流着。溪里涨满了春水。小鹿在溪边散步,它们有的俯下身子喝水,有的侧着脑袋欣赏自己映在水里的影子。

——三年级上册

相关名家名篇

张抗抗《故乡在远方》
迟子建《额尔古纳河右岸》

上榜理由:东北边疆的重要门户

在我国黑龙江省的东北部,有一座山岭,呈西北—东南走向,绵延约400千米,它的西南是松嫩平原;西北以嫩江为界,和大兴安岭相连;东部连接三江平原;东南直到松花江畔;北部以黑龙江主航道中心线为界,与俄罗斯隔江相望。

它就是小兴安岭,是我国东北边疆的重要门户。

据说,"兴安"这个词来自满语,有两种说法,一种是"极其寒冷的地方",另一种是"绵延的山脉"。"岭",则是翻译成汉语以后加上去的。

走近小兴安岭

人们这样形容小兴安岭：它是一座美丽的大花园，也是一座巨大的宝库。下面，我们就一起来了解人们这么说的原因吧！

红松故乡，绿色宝库

如果有机会到小兴安岭，你觉得自己最先看到的会是什么？不用猜了，当然是原始森林。

小兴安岭的原始森林有5万多平方千米，其中最多的树木就是红松，据说，全国一半的红松都在小兴安岭，因此有人说它是名副其实的"红松故乡"。

云杉

云杉、冷杉、落叶松、樟子松、胡桃楸、杨树、椴树、桦树……它们构成了一座巨大的绿色宝库，矗立在祖国东北的土地上。

红松

神奇动物在这里

在小兴安岭浩瀚的绿色海洋中，繁衍生息着数不清的动物，地上跑的马鹿、猞猁、紫貂、梅花鹿、东北虎；天上飞的大嘴乌鸦、长尾林鸮、松鸦、啄木鸟；水里游的鲑鱼、鲟鱼、江鳕、哲罗鱼；还有在草丛中、密林间游走的雨蛙、蜥蜴、蛇……简直就是一部"神奇动物在这里"。

这些红松，漫山遍野，有的已经生长了好几百年。它们吸收二氧化碳，吐出氧气，调节气候，防风固沙；为人类提供木材、油脂；给动物们提供食物、住处。千百年来，它们尽心尽力地保护着这片土地的生态环境。

在这些红松的周围，还有数不清的

东北虎

金雕

远近高低各不同

小兴安岭的山特别多,有名字的就有三四十座,如平顶山、大青山、白鹿山、驿马山、耳朵眼山、四块石山等。

最让人觉得神奇的是,在小兴安岭的西部,还有好几个火山群,其中最有名的就是"五大连池火山群"。十几座火山拔地而起,环绕着5个碧波荡漾的湖泊,美不胜收。

不过,小兴安岭的山虽然多,但"个头儿"都不高,最高的平顶山,海拔还不到1500米,其余的大多为500～1000米。这些山从西北到东南,蜿蜒曲折,绵延四五百千米。有的一座孤峰拔地而起,一枝独秀;有的圆圆胖胖,好像一个大馒头;还有的两边高,中间低,远远望过去就像骆驼背上的两个驼峰。

如果你站到高处往下看这些山,就会发现真应了苏轼的那句诗:"横看成岭侧成峰,远近高低各不同。"

三千里江山,金子镶边

说起黑龙江省,有这样一句话:"三千里江山,金子镶边。"这是因为黑龙江省沿岸盛产黄金,从北到南有几百个金矿,就好像给黑龙江省镶上了一道金边。

在黑龙江省沿岸的地区中,小兴安岭的金矿是最多的。早在1500年前,小兴安岭地区就开始有人采集黄金,甚至留下了"山沟处处见金沙"的说法。

但如果你以为小兴安岭只盛产黄金,那就大错特错了。银、铜、铁、铅、铝、锡等矿藏,还有非常珍贵的钼、钨、镉、镓等资源,加起来有20多种呢。

现在,你明白为什么说小兴安岭是"一座巨大的宝库"了吧。

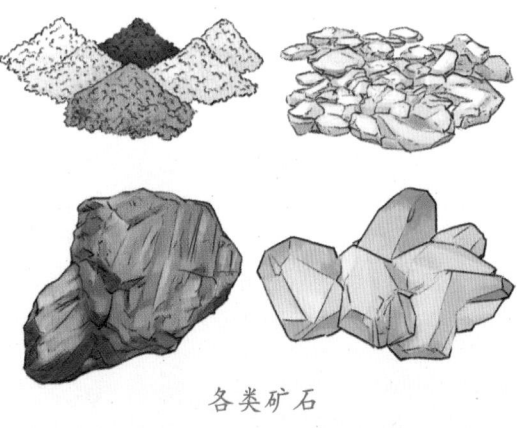

各类矿石

高山流水　小兴安岭

兴安岭大家族

"兴安岭"是一个大家族。除了小兴安岭，还包括大兴安岭和外兴安岭。其中，大兴安岭和小兴安岭以嫩江为分界线，嫩江西边是大兴安岭，东边是小兴安岭。它们隔江相望，就像两个亲兄弟。大兴安岭是"哥哥"，其面积相当于2个小兴安岭，大部分在内蒙古自治区，小部分在黑龙江省。作为"哥哥"，大兴安岭的"个子"当然也更高，大部分身高（海拔）达到了1100～1400米。

大兴安岭有植被覆盖的区域极为辽阔，其中既包括郁郁葱葱的森林，也有广阔无垠的草原。因为山脉有高有低，差别很大，大兴安岭的植物也十分丰富多彩：有阔叶林，也有针叶林；有四季常绿的，也有秋天落叶的。当然，动物种类就更多了，有我们所熟知的棕熊、黑熊、马鹿、梅花鹿、狍子、天鹅、金雕等，各种珍禽异兽加起来有400多种。

外兴安岭（又名斯塔诺夫山脉）位于黑龙江以北，俄罗斯境内。外兴安岭的山脉大部分为海拔1500～2000米，最高点海拔2412米。和小兴安岭、大兴安岭一样，外兴安岭动植物等各种资源也十分丰富，特别是矿藏资源，有金、铁、云母以及多种稀有金属等矿藏。

棕熊

马鹿

满族人的故乡

史书记载,在3000多年以前,东北地区就生活着好几个民族。其中有一个肃慎族,兴起于长白山一带,活动在松花江、黑龙江广大地域内。他们以渔猎为生,用东北特有的桦木做成箭杆(称为楛矢),再用坚硬的青石磨成箭头(称为石砮),打鱼狩猎。

早在商周时期,肃慎族就与中原王朝有交往。但到了汉朝,"肃慎"这个名字从史书中消失了,出现在史书上的是一个新名字:挹娄。直到三国两晋时期,肃慎才又开始出现。据历史学家研究,挹娄可能就是肃慎的新名字,只不过后来又改回去了。

再往后,据说,南北朝时的勿吉、隋唐时的靺鞨、辽金元明时的女真,都与肃慎有密切的渊源。我们都知道,女真是满族的旧称。从这一点来看,肃慎可以说是真正的满族先祖,而他们生活的小兴安岭地区,也就是满族人的故乡。

狩猎图

高山流水 小兴安岭

传说里的兴安岭

辽阔的兴安岭也有一些传说,这些传说赋予了兴安岭神秘色彩和文化底蕴。下面就来听一个关于兴安岭的民间传说吧!

兴安岭的传说

传说,很久以前,兴安岭并不是现在这个郁郁葱葱的样子,而是全是石头,非常荒凉。山上只有一些修行的出家人,其中有个胖和尚,带着个十三四岁的小和尚,住在半山坡的一个石洞里。

别看胖和尚是出家人,他的心肠可坏了。每天天不亮,胖和尚就把小和尚喊起来,让他打扫石洞、焚香念经、劈柴挑水、生火做饭,还让他上山挖草药。晚上,小和尚筋疲力尽地返回石洞,还没来得及喘口气,就又得给胖和尚烧水做饭。

有一天,小和尚照常上山砍柴,依旧是饥肠辘辘。他想找点儿吃的,可山上除了杂草什么都没有。小和尚转来转去,突然,眼前出现了一条深不见底的山涧。小和尚感到很惊讶,他朝山涧里望去,隐隐约约,发现旁边有一座庙。

"有庙就有人,说不定我能找到些吃的呢!"小和尚慢慢朝下爬去。突然,一阵风吹过来,小和尚脚一滑,摔了下去。他吓得哇哇直叫,就在这时,那阵风突然转了个弯儿,飞到小和尚身下,托住他的身体,让他慢慢落到了地上。

小和尚睁开眼睛,发现那座庙就在自己面前。他站起来,推开庙门。只见大殿里摆着一张石头桌子,桌子上放着一个石碗,碗里盛着一把炒米。看到炒米,小和尚高兴得把什么都忘了,抓起炒米就

往嘴里塞。说来也奇怪，他刚吃完那碗炒米，一看碗里，竟然又满了。于是，小和尚一口接一口地吃起来，直到再也吃不下了，碗里的炒米却一点儿也没见少。

这下小和尚明白了，这个碗是个宝贝。他四处找了好久，庙里一个人也没有。于是，小和尚拿起碗，走出了庙门。

他刚出庙门，那阵风又来了，托着小和尚一直把他送到石洞旁。天已经黑了。小和尚还没走进石洞，就听到胖和尚的咒骂声。小和尚害怕师父发现这个宝贝碗，于是赶紧挖了个坑，把碗埋进坑里，又在上面插了根松枝，这才跑进石洞。见小和尚回来了，胖和尚劈头盖脸就是一顿拳脚。打完了胖和尚还不解气，又罚小和尚跪在地上，不许他吃饭、睡觉。

夜渐渐深了，石洞里传来胖和尚的呼噜声。小和尚越想越害怕，思来想去，决定逃走。他站起来，轻手轻脚走到洞口，却发现原来光秃秃的山坡，竟然长满了松树，一直延伸到山脚下！

"太好了！只要进了树林，师父就追不上了！"小和尚大步跑进树林，小小的他很幸运地从密密麻麻的树木间挤了出来。不知道走了多久，他来到了山脚下，又走了好几天，终于看到一个村庄，就在那儿住了下来。

再说胖和尚，第二天一早，他像往常一样喊小和尚干活儿，见无人应答，他便走出石洞，却看到漫山遍野的松树。他被吓坏了，想赶紧出去看看，但是胖乎乎的他怎么挤也挤不出去，最后饿死了。

据说，就是从那个时候起，兴安岭变成了现在这个样子，到处都是苍松翠柏。至于那个神奇的宝贝碗，则再也没有出现过。

一起来说东北话

"你家在哪旮旯啊?""你说咋整?""咱俩唠会嗑儿呗!""我这东西,贼好使了。"……你有没有在电视上或者生活中听到过这样的话?这些都是东北话。

东北话是汉语方言的一种,在古时候属于"燕代方言",整体接近普通话,但口音和普通话有很大不同。特别是辽宁省的沈阳市、抚顺市、辽阳市、鞍山市,以及吉林省的白山市、通化市、延边朝鲜族自治州等地,"东北味儿"十分浓厚。东北话生动、形象,富有节奏感,"杠杠滴"!

下面,我们就一起来学一些生活中常用的东北话吧!

1. 贼——形容程度,比如:贼好吃,贼好看,贼好玩儿,贼想哭,贼有意思……
2. 嗯哪——表示肯定,相当于普通话里的"是啊"。
3. 行不——相当于"行不行"。
4. 扯——表示怀疑,认为对方信口开河。比如:别扯了,扯啥呢?
5. 硌硬——讨厌的意思。
6. 敞亮——形容人大方,也用来表示自己心情愉快。
7. 隔路——和别人不一样,一般指为人处世方面与别人格格不入,遭人反感和排斥。
8. 杠杠滴——形容人大方,办事靠谱儿。
9. 稀罕——喜欢。
10. 埋汰——脏、不干净。

你知道下面这些东北话是什么意思吗?

1. 东西让你搁哪旮旯了?
2. 他这人可隔路了。
3. 那孩子贼招人稀罕。
4. 我的波棱盖儿卡秃噜皮了。
5. 瞅瞅表,多前儿了?